一个女人的史诗

董竹君传

夏墨 著

中国出版集团
现代出版社

图书在版编目（C I P）数据

一个女人的史诗：董竹君传 / 夏墨著．—北京：现代出版社，2017.4
ISBN 978-7-5143-5582-6

Ⅰ.①一… Ⅱ.①夏… Ⅲ.①董竹君（1900-1997）—传记
Ⅳ.①K825.38

中国版本图书馆 CIP 数据核字（2016）第 295693 号

一个女人的史诗：董竹君传

作　　者　夏　墨
责任编辑　袁子茵　邸中兴
出版发行　现代出版社
地　　址　北京市安定门外安华里 504 号
邮政编码　100011
电　　话　010-64267325　010-64245264（兼传真）
网　　址　www.1980xd.com
电子邮箱　xiandai@vip.sina.com
印　　刷　三河市南阳印刷有限公司
开　　本　880mm×1230mm　1/32
印　　张　6.75
版　　次　2017 年 4 月第 1 版　2017 年 4 月第 1 次印刷
书　　号　ISBN 978-7-5143-5582-6
定　　价　36.80 元

一个女人的史诗——董竹君传

目　录
CONTENTS

序言

她是大上海的传奇女子，曾做过那个玫瑰色的梦，伴着古老的留声机，红色鞋子踮起脚尖旋转在木质地板上，直到青春凋零了容颜，直到现实压垮了幻想。

那个年代盛产才子佳人的逸事，如果仅是这样的故事，当然会被淹没在大上海的历史碎片中。于董竹君而言，那只是少女时不谙世事的一个闪念，她的一生，绵长而丰盈。

挽着时代的手臂，她缓缓走过清朝晚期、辛亥革命、北洋军阀统治、五四运动、北伐战争、十年内战、八年抗战、解放战争胜利及新中国的建立与发展。政治风云变化，社会局势走马灯般换了几番光景，她的一个世纪，经历了太多周折，像是一个纷乱复杂而又繁花似锦的梦。

年幼时，她出身低微，幸福是即使穿着破旧的衣服，但仍能躲进白布蚊帐里，读一本有趣的小书。

懵懂时，她被卖入青楼卖唱，幸福是遇见一个怜惜自己的男子，带着爱的勇气逃出苦海，与他携手天涯。

成熟时，女性权益的意识高涨，幸福是不顾他人的异样目光，与封建家庭对抗，并在男性的天空下略施拳脚。

绝望时，她选择离开家庭，幸福是脚下自由的风声，是为了生存和尊严，自己独立做出的每一个选择和决定。

战乱时，她颠沛流离远走他乡，幸福是驶向祖国的大船，是捧着自己的一颗红心，回到故土的深深渴望。

风光时，她一手创办大名鼎鼎的锦江饭店，幸福是在坚守理念的前提下，顾客的络绎不绝，和主流社会的交相赞赏。

劫难时，她在监狱度过无数个春秋，幸福是透过那个小小的窗子，感受月亮的圆缺变幻，等待太阳的升起。

年老时，她被荣誉包围却淡然以对，甚至把市值十五万美元的锦江饭店无私献给国家，自己选择了功成身退。这时，幸福是天下太平，百姓安居，是看着子女闯出了自己的一片天，是带着了无遗憾的内心修得人生圆满。

站过巅峰，蹲守过黑夜，她是黄包车夫的女儿，是青楼的卖唱女子，是民国初年的都督夫人，是反抗夫权的女权主义者，是白手起家的第一代女企业家，是接受进步思想的共产党员。

她的一生，带着百转千回的体验，有着扎扎实实的分量，宛如一部私人视角的晚清史、民国史和中国近现代史。

她说："我从不因为被人曲解而改变初衷，不因为遭受别人的冷落而动摇心中的信念，更不因为年迈而放慢前进的脚步。"

她的一个世纪，这句话就是最好的总结。

第一章

童年－朝阳亦有失意人

贫困：白布蚊帐的温暖

晚清，一个摇摇欲坠的年代，政治的乌云压低了天空。在灰色的大背景下，所有故事的开端，也不免夹带了些悲凉的味道。

上海洋泾浜，不知发源于何处，是一条散发着腐臭气味的污水滨。周围有一排摇摇欲坠的小平房，住着最底层的穷苦工人。1900年，这里出生了一位女婴，家人唤为“阿媛”，后来也被邻居们叫作“小西施”。出生于此，老实的父母亲从没有做过“望女成凤”的大梦，只希望她能够健康长大，一家人共同在这困窘的生活里，摸爬滚打走下去。

阿媛的记忆里，洋泾浜是一个阴森的地方，几乎看不到流动的水，河浜里是墨汁般黏稠的黑色污泥，常有猫、狗、老鼠等动物的尸体，甚至也会有被遗弃的婴儿。炎热的夏季到来时，蚊虫乱飞，气味令人作呕。

后来，因为洋泾浜被划为租界范围，臭水河浜才被填平，改名为六马路，后来又改为充满异国风情的“爱多亚路”。

阿媛的父亲名为董同庆，江苏南通人，原本姓东，后来不知何因改为董。家人从未提起过，阿媛也没有问过，在那个年代里，改名换姓倒也是常事。

父亲其实相貌很端正，大眼睛，鼻子挺直，下巴丰满，要不是沉重的生活负担，让他只能穿着残破的衣衫，带着黯淡的神情，他该是位很英俊的男子。阿媛的相貌，大半遗传自父亲。

阿媛的母亲姓李，性情急躁，但做起事来也很麻利。在嫁给董同庆之前，曾经有过一次婚姻，后来丈夫去世了，带着女儿来到上海，再次成婚。女儿成年后，便与她很少联络了。

对于这样一家人，生活的意义与生存几乎完全对等，他们没有多余的心力去思考其他，只能靠着自己的双手和汗水，去让全家人填饱肚子。天蒙蒙亮，董同庆拉起自己的黄包车，出去招揽生意，母亲则收拾好家务，等着去雇主家里做些粗活。

在阿媛之后，母亲又生了一个弟弟和一个妹妹，但是生活太清苦，产后因为身体太虚弱，没有奶水，最后两个孩子都因为严重营养不良患了重病，无钱可医治而夭折了。

阿媛很想有人陪伴，她还能够记得，她抱着只有四个月的弟弟，在房子里来回走动，因为屋内闷热，生病的弟弟啼哭不止，她便将弟弟抱到屋檐下，没想到小婴儿的哭声刹那停止，接着翻起白眼。

母亲连忙跑了出来，将孩子紧紧抱在怀中，放到屋内。情急之下也没有叫来医生，而是哭着拿出碗碟，用力掷在地上，口中念念有词:“求求菩萨保佑，求求菩萨保佑。”

手足无措的阿媛也大声哭着，希望碗碟可以吓走鬼神，弟弟能够睁开眼睛。不过，菩萨没有垂青这个可怜的家庭，阿媛失去了弟弟，从此只能独自成长。

阿媛时常帮母亲做些家务，比如扫地、买菜、烧火、刷碗等。最期待的时刻，是每天黄昏时分，她站在家门口等待父亲回来。父亲穿着一双旧草鞋，打着补丁的衣服，长长的辫子拖在身后。远远看着，若是两手拎了东西回来，一定是当天生意不错，多赚了些钱，买了酒肉回来，阿媛会兴奋地飞奔过去。有时两手空空，那便是生意很差，或者违反了交通规则被罚，阿媛的情绪就会瞬间跌落谷底。

生意差时，父亲在家里的脸色很难看，时常发脾气，或是躺在床上连声叹气。母亲一边安慰丈夫，一边埋怨世道，而这个时候的阿媛，则尽量不出声，不去招惹他们，生怕自己受到波及。

母亲的脾气不好，喜欢抱怨。所以印象里，阿媛只记得儿时母亲经常叫苦连天，在给她梳辫子的时候也是，还会用手指用力敲她的头，只因为比起粗头绳，爱美的阿媛更喜欢绒线绳。她经常哀怨地说:“粗头绳只要一年一两根就够了，绒线绳要经常花钱买，钱在哪儿啊？你去赚吗？”有时候她敲得太用力，倔强的阿媛也会赌气几天，跑去姨母家住上一阵子。

父母亲对阿媛最大的爱，就是在这种窘迫的家境下，仍去送她念私塾。他们觉得，阿媛生得美丽，性格又好，如果识些字，将来方有希望嫁个好人家，一家人才有出头之日。

念私塾的学费来之不易，都是父母亲做苦活得来的，所以阿媛很珍惜上学的机会。不过，小孩子总是调皮的。

教书的先生是位六十多岁的老人，微胖身材，长长的辫子，胡子有五六寸长，手里经常拿着一串佛珠。

有一次，先生布置了学习内容，不知不觉拿着佛珠打起了瞌睡，鼻涕缓缓流下来。阿媛便与另外两个同学一起拿出抽烟袋需要用的长纸捻，悄悄塞进先生的鼻孔，让那位老先生瞬时喷嚏不止，惊醒过来。

类似的恶作剧事件，阿媛做过很多。但因为书读得好，又聪明伶俐，老先生很喜欢她，也舍不得过多责备。阿媛心里知道这一点，所以顽皮归顽皮，仍旧对先生充满了敬意。

都说孩子眼中的世界是无忧无虑的，对于阿媛来说，生活在最底层的穷困环境里，她自幼便见多了眼泪与无奈。这些心灵的沉重，她暂时还无法负担，于是也就努力在生活的夹缝里，寻找一些温暖和快乐。

家里日子难过，即使是青菜，也要买下市之后的便宜货。每天下午，都会有一位卖馄饨的小贩路过家门口，偶尔，母亲会准许她买上一碗。那是太美好的时刻，她常常得意地边吃边摇晃身体，再惹来母亲的责骂。

最幸福的事，是每天早晨醒来的惊喜，阿媛睡在一张小床上，为了防止蚊虫叮咬，她总是躲在一个破旧的白布蚊帐里，睡醒后，她会眯着眼睛伸出手臂，摸向床边的茶几，如果能摸到铜钱，她就会嘴角上扬，兴奋地翻身起来。那意味着她可以在上学的路上吃到白糖芝麻饭团，甜甜的味道可以回味一整天。

幼年的环境，让阿嫒炼就了一颗坚强的心。在未来的日子里，即使风风雨雨，只要寻到一处小小的屋檐，她便可以快乐地栖息，积攒能量继续前行。

没有人生来就注定是传奇，她不是受尽呵护的公主，没有任何力量助她站上巅峰。小小的她，用稚嫩的年华蘸着苦乐，投身在人间烟火中，书写着人生的序言。

更迭：剪掉辫子仍旧是穷人

翻开历史的篇章，“辛亥革命”这四个字以它特殊的历史意义成为中国近代史上最重要的里程碑。对于1911年的国人来说，这一年剪掉的不仅是男人们身后那根长长的辫子，更是两千多年来禁锢在中国人身上的束缚和压迫。

一时间，没了“皇帝”的大地上，一股民主与平等的暗流悄然兴起。大街小巷、男女老少，喜气洋洋的氛围里，“今后老百姓都能过上好日子”的说法不胫而走。

时过境迁，这个看起来略有些理想化的言论因何而起早已没了考证的可能。但重温董竹君的回忆录可以发现，这个令人兴奋的话题却着实让阿嫒父女高兴了一把。

“爸爸，你的辫子剪掉了，你高兴还是不高兴？”小小的阿媛抬起头，懵懂而天真地问着刚从理发店回来的父亲，父亲下意识地摸了摸自己的后脑勺，脸上露出了难得的喜悦。

“当然是高兴啦！你想想，民国了，清朝里过得苦难的老百姓在新朝代就要过上好日子了。”父亲的回答不假思索，虽然是道听途说来的理由，听上去却那么令人信服。苦日子让阿媛的童年过得有些吃力，当她从父亲的口中听到“好日子”这三个字时，内心的激动溢于言表。

她问父亲，为什么民国了就会过上好日子？父亲见女儿如此认真，便搬了凳子，让她一起坐下，耐心地将他在集市上听到的对话和故事从头到尾，一字不落地讲给她听。

在父亲的陈述里，阿媛听到了林则徐查禁鸦片后英国政府对中国发动鸦片战争的暴行，听到了清政府屈膝投降、割地赔款的耻辱，听到了一条条的不平等条约，也听到了一个个被列强瓜分的势力范围。

曾经发生的事件，在阿媛懵懂的认知里悄然地还原着，作为社会最底层人士的子女，阿媛自然不知道这些“家国大事”的来龙去脉，但这却丝毫不影响她心灵深处爱国情感的萌发。

于她而言，“列强”的概念可能还有些陌生，“造反”的内涵也需要进一步解读，但外国侵略者的凶恶和霸道却让她燃起了怒火。

当父亲的话锋从满目疮痍的惨状转到孙中山领导革命军推翻腐朽清政府的壮举时，阿媛情不自禁地从自己的座位上跳起来。她感谢英雄们抗击侵略者的义举，更佩服他们敢于争取幸福的壮举，而这种情绪的背后恰恰是一个平民小姑娘对平常日子的渴望和期盼。双重崇拜的衬托下，阿媛突然觉得父亲口中的“好日子”似乎触手可及。

但，现实和理想终究不能等同。接踵而至的新年里，阿媛的期盼被鞭炮声击碎，她关于新年的全部印象被现实禁锢在“贫穷”所带来的辛酸里。

对于孩子们来说，新年总是值得期待的，因为这一天他们不但能在锣鼓喧天的热闹里尽情玩耍，还能理所当然地得到来自长辈和亲人的馈赠。鞭炮响过，五马路上跟着大人们“兜喜神方”的小姑娘们穿戴着自己最得意的行头满面春风地行走在人潮中。绫罗缎面的皮袄、精致艳丽的绣花鞋、嵌满珠翠的帽子、紧贴双鬓的珠花，宝石戒指比比皆是，金玉手镯无所不有。放眼望去，阿媛的视线里满是阳光照耀下肆意闪烁的珠光宝气。

此时的她只有十一岁，见的世面并不能算多，所以当她见到这些和她年龄相仿或是稍大些的姑娘们打扮得像“观音菩萨”一样好看的时候，那种惊讶和羡慕可想而知。

站在家门口，阿媛的双手紧紧攥着身上那件罩在旧棉袄上的乡下蓝布背心的一角，痴痴地朝着那些美丽而灿烂的背影离去的方向。马车吱吱呀呀的声音渐渐远去，姑娘们嘻嘻哈哈的说笑声也慢慢散开，但阿媛心里的不解却随着羡慕的加深而越发浓烈。

她不明白为什么有些人这样有钱阔气，而她的一家却仍旧过得穷苦凄凉，也不明白为什么所有的人都迈进新时代了，自己的家人仍旧是食不果腹的贫民？

弟弟妹妹们生了病，没钱买药看病，最终夭折；父亲患重病，无钱医治，最终只能无奈地丢下了赖以生存的谋生活计；母亲整日辛苦做工却仍旧债台高筑；自己省吃俭用，却连过年做新衣服的钱也凑不齐。平日里，这些遭遇并没有对坚强的阿媛造成心理上的冲击，但当节日的氛围将她的生活和其他人的生活放在一起作对比时，阿媛蓄心收敛的自卑终于连同倔强一同被掀开了。

她抿抿嘴，转身回到屋里，打算找母亲问个明白。但母亲的回答却让她越发地不解。“世界上穷苦的人多啦！人家是前世修来的命好，我们苦命，所以我们今世一定要做个好人，下世才可以过得好些，不然我们下世还是穷人。”

用宿命论解释现实的遭遇，这大约是阿媛母亲这一类传统妇女最为擅长的做法。对于手无缚鸡之力的她们来说，这种对未来的期许显然比“奋起反抗、改变现状”的号召更容易实现。作为母亲，习惯了贫穷的她认为这样的解释足够让女儿停止脑海中的追问，但她没想到的是，这匆匆的应付却激起了阿媛不服输的念头。

“下世”、“前世”、“后世”，在阿媛的观念里这些词汇与其说是解释，不如说是敷衍。她不想用复杂无序的轮回束缚住现实的脚步，也不甘心自己的疑惑在故弄玄虚中不了了之。父亲的讲述虽然简单，但阿媛心中关于新思潮的向往却开始有了起点。

带着稚嫩的思考，阿媛开始用独立的眼光看待身边的人和事，她抵制了母亲缠小脚的要求，用剪刀将脚带铰得粉碎，那种附着在陋习上的封建理念随着她脚上的解放而分崩离析。

一个人的生活轨迹与大时代境遇是密不可分的，董竹君能够在风雨飘摇的百年里书写出新一代女性的传奇与她所处的时代紧密相连。

战火纷飞、民不聊生，生活在纷乱年代的董竹君是不幸的，但朝代更迭、思潮碰撞，有幸生活在日新月异的时代里，与民主思想同行的董竹君又是幸运的。这是一种机遇，它让董竹君稚嫩的思想在革命的旗帜中得到崭新的洗礼，也让她的眼光在抗击旧制度的进程里得到开阔和升华。

身居燕雀之巢，心有鸿鹄之志，拥有如此心思的董竹君注定是要完成一次不同于寻常人的人生历程，因为早将辛亥那年的故事铭记在心间的时候，她便跳出了女孩子识字绣花、相夫教子的传统，而成为站在时代前列的新式女性。

卖唱：生命不能承受之重

中国历史上，“青楼”二字多少带有些悲剧的色彩，人们在提到这个词汇的时候，总会联想到生活在其中的姑娘们苦不堪言的生活和鸨母们毫无情义的剥削。

对于大多数女性来说，这个羞辱与苦难并存的所在是让人闻风丧胆、唯恐避之而不及的黑暗之地，但对于幼年的董竹君而言，这里却成了她和父母得以生存的唯一出路。

作为家庭的支柱，父亲拉车的收入虽然微薄。却还能让董竹君与母亲勉强果腹。但是，似乎是上天刻意的刁难，习惯了贫穷的董竹君一家虽然早就失去了对生活质量的追求，但父亲的一场大病还是让他们的生存成了巨大的问题。

父亲的身体大不如前，拉车的活无法继续，无以为继的日子里，生活的压力自然而然地落在了董竹君和她母亲的身上。

为了照顾行动不便的丈夫，董竹君的母亲开始到各处接手零散的杂活。勤快的品质和认真的个性，让董竹君的母亲很顺利地得到了东家的信任，但忌惮于她家庭的负累，即便最看好她的东家也无法给予她长工的岗位和承诺。在时断时续的工作里，董竹君家庭的收入有如麦田里庄稼的收成一般，时多时少，全凭运气。

高利贷的利息日渐增高，家里的收入毫无盈余，董竹君的父母迫于生存的压力，终于做出了一个不得已的决定。

“阿媛，先到五马路前面的堂子里当三年的‘小先生’吧，换三百大洋给家里还债，三年后爹娘肯定再把你接回来。”微弱的煤油灯在夜里摇曳着，董同庆的声音因为哀伤而颤抖。

送唯一的女儿去青楼，这样的决定很艰难，也很荒唐。作为最亲的人，父母定然不愿意让阿媛独自忍受这份凄苦，但面对高筑的债台和随时可能饿死的明天，他们更希望自己的女儿能活下去，即便随之而来的生活可能晦暗如夜，可能苦不堪言，那也比路有冻死骨的悲剧强上百倍。

20世纪初的上海，物欲横流，社会分化。为了谋生，大批饥寒交迫的姑娘们只能在五马路东面清河坊里弄的堂子里靠出卖自己而过活。有人称她们为“倌人”，有人称她们为“先生”，但不论何种称呼都改变不了她们青楼女子的本质身份。

体面的门脸，看上去与平常富有人家的庭院没有多少区别，但游走其中的年轻貌美的女孩子们，却用自己的血泪阐述着最底层的生存悲剧。

每当夜幕降临，她们便在灯火通明中沦为金钱的奴隶，成为取悦他人的工具。胡琴里京戏的声音将她们的哭泣覆盖，嬉闹里的强颜欢笑将她们的心酸掩埋。为了生活，她们将仅有的自由作为交换变卖给鸨母，甚至连最起码的尊严也在灯红酒绿中消耗殆尽。

“三年的时间很快就会过去的，爹娘和你保证，一定只让你做‘小先生’，而且只要期满就接你回家。”临行前，董同庆的这番话是他对女儿唯一的承诺。即便他不得已将女儿送到堂子里做卖唱不卖身的“清倌儿”，他也决不允许任何人对女儿有丝毫的侵犯。

恃强凌弱的年代里，手无缚鸡之力的普通劳工将自己的底线寄托在女儿的卖身契上，这样的行为多少有些理想化，甚至是天真的成分。老实巴交的董同庆虽然迂傻，但源自他心底的苦心和疼爱却真挚诚恳，毋庸置疑。

这一点，懂事的阿媛又何尝不能明白呢？私塾里，先生们教的典故历历在目。“割股疗亲”、“卖身葬父”，小小年纪的她看着课本上的文字，虽然还有些稚嫩，却早已深刻地领悟了其中的孝道。

对她来说，堂子是可怕的地方。她不知道姑娘们所谓的“做生意”究竟是什么意思，也不知道每天的热闹非凡里到底隐藏了多少黑暗的伎俩，但母亲叫她学京戏的时候，她却本能地排斥。

只是，当父母将心里话和盘托出时，她的心里猛然地震颤了。她知道，父母做出这一决定的无奈，内心的挣扎在体谅中更加让人揪心。思前，踏出这一步，前途渺茫；想后，父母之情，恩重如山。理性和感性在同一个时空里碰撞，脑子里有一千个声音在抵抗，心里就有一千个声音在劝解。终于，苦思冥想了许久，内心的责任感促使董竹君做出了决定。

“那时，我心中的伤感是难以用语言形容的。但是，看到家里这样穷苦，我却不能不答应。《二十四孝》《孝经》上的故事还在脑子里回放，感觉自己要孝顺父母就应该答应下来。”

回忆录里，百岁高龄的董竹君用质朴无华的语言描述了当年做出决定时的心境。听上去，这份心路体验似乎波澜不惊，然而，如此平静的背后却是理性和责任占据上风的最终回归。它没有虚伪敷衍的矫揉造作，没有慷慨大义的威风凛凛，但它却直击人心，令人震撼。

那是一个少女对父母、家庭的承担，更是一个女孩面对悲惨生活的坚毅和从容。这是一种品质，也是一种气度，它的存在是董竹君人生传奇最直观的理由，最重要的保障。

绸面皮袄穿上身，朱红头绳系上头，一番打扮后的董竹君在指定的日子里踏上了前往堂子的路。临行前，她向自己深爱的双亲磕了个头，用孝行向曾经的天伦之乐告别，用眼泪送曾经的天真烂漫远去。

从此，她不再是父母身边娇小可爱的女儿，也不再是学堂里认真习字的学童。当她毅然坐上清和坊的轿子，跨过驱除晦气的火盆后，她便成了堂子里挂水牌卖唱的“杨春兰”，而她传奇的一生也在其步入社会的这一刻，拉开了神秘而厚重的序幕。

底层：青春是可以买卖的

如今的时代里，人们对青春的想象是浪漫而美好的。在平等和自由的氛围里，青春是无与伦比的活力，是独一无二的跃动，是年岁青葱时的一片灿烂，是朝气蓬勃、奋发向上的一抹亮丽。然而，在一百年前的中国，这样一份为世人称道的生命馈赠却在阶级和专治的强迫下，沦为任人买卖、肆意践踏的存在。

在阿媛的印象里，带她掀开“长三堂子”真实面目的人是那个姓孟的阿姨。五十多岁的她虽然矮矮胖胖，又有些驼背，但和阿媛谈起天来总是知书达理、态度文雅。

按照老鸨的安排，阿媛除了唱曲，还要给客人们敬酒、斟茶。到位的动作，和善的神色，恭敬的态度，阿媛反复练习着老鸨定下的规矩，生怕出错惹来老鸨的一顿痛骂。

看起来这似乎是件简单的活计，但老鸨的刻意要求却让阿媛的工作负担有增无减。有时候，阿媛会接到出堂差的任务，到远处的场馆卖唱，老鸨仍然要求阿媛回来做好斟酒请客的事宜后才能赶回去卖唱。一两次的往来倒也罢了，但奔波的次数频繁后，阿媛的瘦弱身体便开始有些吃不消了。

离开家的时候，阿媛还以为自己做三年“小先生”的日子忍一忍就能熬过去了，但当她真正成为“清倌儿”四处卖唱时，看似短暂的三个年头却一下变得像一千年那么漫长。

对双亲的思念有增无减，身体上的难受和情感上的寂寞更让阿媛有些心灰意懒。还好，无人相知的环境里，孟阿姨悄然来到她的身边。

这个经历了岁月沧桑的女人，用她母亲一般的体恤和问候让阿媛的苦痛生活有了最重要的支撑。她颇有知识，性情也温和，虽然阿媛不知道她为什么到这种地方来工作，也不知道孟阿姨的身世是怎样的，但这一点却并不影响她对孟阿姨的依赖。

每天阿媛都会跑到孟阿姨的房间里找她聊天，孟阿姨会给阿媛梳头打扮。有时候，为了给阿媛惊喜，孟阿姨还会特意找些漂亮的小首饰给她做打扮，尽管这些首饰的成色和样式比不上当红姑娘手里头的物件儿，但偶尔一两次的变换却给董竹君灰色的生活点缀了难得的绚丽。

不过，和这些比起来，更能讨小阿媛开心的是孟阿姨嘴里说不完的段子。《三国》《水浒》《西游记》《孝经》《木兰从军》《梁红玉》，孟阿姨就像一个脑子装着巨大的书箱的说书先生一样，只要一有空就能给阿媛绘声绘色地讲出一大段故事。

一个个鲜活的人物在阿媛的脑子里浮现，一场场经典的戏幕让阿媛开始知道了人情冷暖，世道沧桑。和戏台上丝竹伴奏下的演出相比，孟阿姨的讲解显然枯燥了很多，但和戏台下过目即忘的寻常看客相比，阿媛听完故事后的思考却显得难能可贵。

刚从清王朝脱身而来的民国，众人思想意识里的蒙昧与愚钝尚未完全蜕化，新民主主义思想仿佛黑暗中一道微弱的光线一般，虽然细小，却仍旧倔强地扩展。

为了让超前的思维得到认可，革命先驱们用行动，甚至是生命唤醒国人麻木的神经。而阿媛在辛亥革命思潮的影响下，也早有蠢蠢欲动的趋势。当孟阿姨将现实的残酷以故事的方式耐心讲述给阿媛听时，小姑娘的心里在辛酸中自然而然地萌生出了非凡的感悟。

“你还年轻，所以有些事情还不太懂，等过几年你长大了，自然也就明白了。”每次说完故事，孟阿姨总会这样对阿媛说。或许在她心里，她实在不愿意再用现实的肮脏和龌龊伤害这个楚楚动人的小姑娘，但她没想到，这样的讲解却让董竹君更进一步了解了自己的处境，也越发加重了对现实的质疑。

在那个纸醉金迷、物欲横流的十里洋场，青楼女子的身份和地位似乎已经烙上了不可抹去的印记。她们为男人欺辱，被世人唾弃，被法律所不容，被道德所践踏。横在她们身上的来自雇主的剥削将她们推到“奴隶”的边缘，世俗的眼光让她们成为恃强凌弱的社会中当然的底层人。从来没有人敢对这样的生活现状提出异议，年幼的董竹君却发出了对命运的拷问。

她质问世道，不知道世间为何会有如此多黑暗的事情；

她质问命运，不明白女人为何注定要遭受这样的苦难。

堂子里来来往往，声色犬马，逢场作戏的逗趣和玩笑并不能让阿媛笑逐颜开。相反，她对那些饮酒作乐的清朝王孙、衙门老爷、地主富商十分厌恶。

阿媛知道这些男人们嘴上说得天花乱坠，实际上，却没有一个心怀好意。她从心底里看不起他们，脸上自然没法刻意营造出热情洋溢来，她的态度冰冷而坚定，以至于后来堂子里的客人们都管她叫“不会笑的姑娘”。

每天，堂子的生意都从黄昏延续到深夜，姑娘们累得腰酸背痛，阿媛也跟着累得上气不接下气。老鸨押买了姑娘的青春在吞云吐雾的世界里坐收渔利，姑娘们却只能苟延残喘地强颜欢笑，以此换取最起码的生存权利。

众人的冷言冷语萦绕耳边，客人的百般刁难让人难以忍受。在利益面前，这些花一般的姑娘们注定无法享受关怀和情感的滋润，她们只是供人消遣的玩偶，生存环境的好坏全都依赖着盈利的多少。客人打赏得多，老鸨便拥着金银满面春风、喜笑颜开，客人出手小气，这个堂子里的“指挥官”就会将她们骂得体无完肤。

“就晓得吃饭，不会赚钱也不会做生意，养你就像养条死猪，当初弄你进来算我倒了大霉！”强烈的语气伴着鄙夷无情地践踏着姑娘们的尊严，在老鸨的眼里，这些平日里亲切地唤作“女儿”的孩子们不是鲜活的生命，而是一件件廉价购买来的赚钱机器。

可是，这一切难道就是注定的吗？

“大家同样是人，为什么这些老爷们在这里玩乐，我却要供他们玩乐？”深夜里，阿媛一个人看着安静的堂子，认真而郑重地询问自己。想想姑娘们的遭遇，想想自己的处境，阿媛意识到屈服于现状、将自己未来的人生和这藏污纳垢的黑暗之地联系在一起，简直是在浪费自己的生命。

生存的压力将她丢弃在这火坑里任人宰割，但执拗的品质却让她不甘堕落。她转变观念，一改两耳不闻窗外事的习惯，开始将心思聚焦在关注身边的言论和人事上，她知道，唯有如此自己才能发现黑色幕布下可能存在的光亮，才能寻找到支撑自己出逃的依靠。

庆幸的是，在耐心寻觅了两年之后，董竹君终于找到了那个能带她离开的人。

第二章

出路－金风玉露一相逢

观察：聆听陌生人

说起上海的繁华，应该可以从清末算起。那时，鸦片战争刚刚结束，原本只属于富庶苏州的繁华在上海这个通商口岸被打通之后开始向长江的入海口转移。

随着人口和贸易的增加，上海渐渐成为中国最繁华的都市。达官、富商、地主、老爷，文人、名士，中国最富有的男人们似乎一夜之间全都聚集到了此处。当金钱的拥有变得理所当然，吃喝玩乐一类的消遣应运而生，巧合的是，喝花酒、找乐子的“花业”青楼也以此悄悄地发达起来。

很难想象当时的中国是怎样的一种场面，外头炮火连天，战乱纷争，屋里却春宵玉暖，热闹非凡。小小的堂子里，各色人等齐聚，有的风度翩翩、有的谈吐高雅、有的钱财齐身、有的身兼要职。行走于各行各业的社会人，带着外头的时政要闻和国家大事侃侃而谈、激昂人生。

相比外头北洋政府散布的恐怖氛围，堂子出人意料地成了人们畅所欲言的地方。一些爱国人士因为惧怕自己的言论被当局盯上，便开始将目光转移到堂子里，以奢靡享乐之名在这个不受政府控制的地方抨击时政、共商大事。

在很多人眼里，青楼里的女人几乎是没有脑子的，所以即便有一两句要紧的话漏到姑娘的耳朵里也掀不起太大的风浪。基于这个原因，青楼这个看起来最混乱的地方成了消息最灵通的地方。

无论是孙中山先生的三民主义，还是鸦片战争后列强瓜分中国的各个不平等条约；无论是太平天国，还是八国联军；无论是复任内阁总理大臣，还是袁世凯“伪共和真帝制”的两面派行径，总之，只要是社会上发生的大事，堂子里都会有人讲述或是评议。

对于老鸨和姑娘们来说，这些言论并没有值得聆听的用处，但是对思想上开始向新思潮靠拢的董竹君来说，风云变幻的家国变迁却有着巨大的吸引力。

她聪颖灵光、心思敏捷，虽然无奈之下被迫沦落风尘做了“清倌人”，但对外边世界神驰的向往和无限的好奇却从未因此停滞。她渴望知道更多的发生在堂子外面的故事，无论是出堂差还是摆花酒，只要有人开启这些话题，她都能安静而认真地捕捉客人们口中零零星星的信息。

在获得新鲜的见闻的同时，她的见识得到了增长。昏暗的日子里一扇通往光明的门被打开了，革命志士的只言片语给董竹君带来的是足以燎原的星星之火。

此时的董竹君犹如一朵含苞待放的花蕾，颜色虽只露一二分，蕴含的芳香早已让众多爱花之人垂涎不已。比起当初押进来的那三百元，她给嗜财的老鸨挣下了的钱，简直可以用“一本万利”来形容。

伶俐动人的董竹君受到很多客人的“喜爱”，这其中不乏家境殷实的少爷，鲁莽冲动的匹夫。这些人都曾对她表明自己的爱慕之心，所用的方式也各有千秋。其中，有一位年轻的少爷，长得漂亮白净，高大端庄，虽然只有十六七岁，但堂子里的人却十分尊敬地叫他夏爷。

灰色长袍，黑缎马褂，英俊大方，谈笑自如，在董竹君的记忆里，这就是她初次见到夏之时的全部印象。堂子里，来来往往的男人很多，董竹君例行公事般地见到他时定然不会想到，这位叫夏之时的革命志士最后竟成了自己跳出火坑的依靠。

作为同盟会的成员，夏之时是武昌起义的重要骨干，推翻清朝后，年轻的他又被推选为四川省的副都督。当时袁世凯倒行逆施的行为为全国唾弃，夏之时辞去了副都督的职务，留在上海参与策划“二次革命”。

为了让自己的行动更为隐蔽，夏之时经常到董竹君所在的堂子里摆花酒，看似逍遥享乐，实际上却是在为革命大事出谋划策。

在董竹君的眼里，夏之时和其他客人是不同的。他从来不和自己开玩笑，也不像别的客人一样动手动脚。有时，夏之时反而会主动和董竹君叙话，问她读过几年书，父母怎么样，家里是否有兄弟姐妹。本来董竹君和客人很少说话，但见夏之时问得真诚，她竟打消了心中的反感和疑虑，将自己的经历告诉了他。

她用简短的语言叙述了自己的经历，把父母因为没有钱还债而将自己押到堂子里三年的来龙去脉毫无保留地讲述给了夏之时。

“啊！原来是这样的。”听完董竹君的话，夏之时的吃惊溢于言表，眼神里也满是同情和怜惜。虽然，这场深谈过后，董竹君和夏之时并没有更多的对话，但这个男人的平易近人和正直善良却让董竹君难以忘怀。

从此，她开始留心夏之时，不仅从旁人那里打听他的消息，还勇敢地询问夏之时过往的经历。

“人家说你是四川的副都督，那你是怎么当上这个都督的呢？”华灯初上，四周开始响起丝竹演奏的戏曲声。董竹君见四周无人，小心地将内心的疑惑说了出来。看着她满脸的期待，夏之时思量了片刻，谨慎地将自己的身世娓娓道来。

夏之时是四川人，但祖籍是湖北麻城，清朝入川时，家族以务农为主，也做些副业，因此称得上小康之家。年幼时，在哥哥的劝导下，夏之时到学馆念书，在那里，他听到了清政府的腐败，外国人的侵略，知道了人民生活疾苦，感受到了亡国的危机。

为了能救国，他开始专心念书，不久后，在兄长的支持下，他和另外一位同学前往日本留学，并考进了东斌学校步兵科。

1905 年 8 月 20 日，孙中山先生领导的同盟会在日本东京成立，被推选为总理的孙中山提出“驱除鞑虏，恢复中华，建立民国，平均地权”的革命纲领。深受鼓舞的夏之时主动加入同盟会，积极参加革命运动，为推翻清政府而蓄心准备着。

在日本毕业后，夏之时带着满腔抱负回到四川重庆，当时四川总督赵尔丰知道他是日本军官学校毕业生，怀疑他是革命分子，便故意派他去西藏测量，企图用恶劣的环境将其害死。在经过了六个月的艰苦工作后，夏之时凭借自己的努力完成了测量任务。

赵尔丰想不到这个年轻人还能活着，又惧怕给他太大的权力会影响自己的地位，便将他直接安排到军队里，担任陆军十七镇骑炮标步兵排长的小职。

后来，辛亥革命爆发，夏之时配合起义军，在成都郊外龙泉驿带兵起义。驻在龙泉驿的新军有一二百人，夏之时枪决了卫戍司令魏楚藩后，率部连夜绕道川北，直奔重庆。沿途参加响应的人比比皆是，到达目的地时，夏之时麾下已有七八百人。

革命队伍的扩大，让夏之时的义举气势越发地轰轰烈烈，他们处决了重庆镇守使田征葵，成立了蜀军军政府。在众人的推举下，夏之时出任蜀军副都督，与正都督张培爵一同管理蜀军。

这是一段短暂的经历，但过程却惊心动魄。原本，这一切都应该是秘密，但不知为何夏之时竟不知不觉将心中的一切向眼前的姑娘倾心讲述。

或许是董竹君的期盼让夏之时有了难得的安心，或许是曾经的过往分量太重他真的需要一个耐心聆听的人共同分担，此时的夏之时忽然觉得董竹君就是那个可以和他分享过往的人。而董竹君则为这样的信任感到荣幸。

在他的故事里，董竹君感受到了英雄的气概和革命的力量，她从来没有想过自己竟然能和这样的志士促膝长谈，也从来没想过那些豪情万丈的反抗与战争竟在眼前这个活生生的男人身上一一发生过。

崇拜和仰慕在董竹君的心里慢慢生长，她无法抑制地对眼前这个男人产生了强烈的好感。然而，就在她对夏之时投去深情目光的时候，一个疑问却在她的心里升腾起来。

犹豫：风尘里的真情顾盼

似乎是一种习惯，人们总是喜欢把人简单地分成“好”和“坏”两种，并且根据他们的属性对他们的行为做出判断。好人不会出没在花街柳巷，好人不会逍遥享乐，坏人才常常游荡在堂子找姑娘，才挥霍无度地将钱财砸在个人私欲的满足上。

这种评判标准，在阅历不足的时候的确能在识别人性的时候提供不错的建议，但随着眼界的开阔，这种定义却都渐渐地失去了客观性，因为人心的好坏并不是简单地从表象上就能看得透彻。

一开始，年幼的董竹君曾用同样的眼光看待夏之时，心中充满了“好人怎么会来堂子”的疑惑，但随着接触的增多，董竹君却发现，夏之时并不是那种流连美色、不能自拔的人。

“袁世凯接过政权就叛变了，同盟会改组为国民党，发动二次革命讨袁失败后，袁世凯下通缉令逮捕革命党人，为了掩人耳目，我们只能到堂子里开会，用客人的身份做好掩护。”

夏之时的解释简短而明了，一句话便将堂子外面弥漫的硝烟气息淋漓尽致地描述了出来。董竹君忽地明白了他来堂子里的原因，也知道了他们处境的艰难和凶险。

和夏之时相比，董竹君虽然是青楼里的无名小卒，但这种生活上的艰辛和凶险是异乎寻常的一致。她被老鸨压榨，被嫖客调戏，每天卖唱到喉咙沙哑，却还要为将来的命运提心吊胆。

这种担忧，原本还有三年期限做宽慰，但随着时间的推移，董竹君越来越发现，三年后离开这里的想法似乎越来越不可能。

“你现在是小摇钱树，等将来你做了大人，那就是真正的摇钱树了，老鸨不把你连根带叶地赚完钱，是绝对不会放过你的。”孟阿姨的一句提醒，让董竹君的心一下跌到了谷底。

原本，年幼的她还奇怪，为什么到这堂子许久了还没见到父母来看她，可当孟阿姨把话说白时，她突然意识到，如此的不相见，根本就是老鸨的故意为之，所为的，自然是让自己安心做生意，以此为这个人间地狱谋取更丰厚的利润。

听着客人们“等你做了大人”的期许，董竹君隐隐地感觉到一种危险正在向自己靠近。而当她身体上出现了成长的变化时，这种危险终于被坐实了。

当老鸨和客人们兴致盎然地商议着初次接客的价位时，董竹君的心跳到了嗓子眼。如今，她是堂子里的红人，老鸨看在她赚了那么多钱的份儿上，自然不会过多地给她脸色看，偶尔的推托也还能将自己做真正妓女的时间往后延迟。

但，逃避终归不是办法，一天两天还能说，一年两年那就真的无法抗争了。每天，看着窗外那些上工、上学的年轻姑娘们，董竹君的心里有说不出的羡慕。在她眼里，那些人虽然穷苦、平凡，却干净、正直，即便她们身上只穿着粗布麻衣，但看上去却比堂子里锦衣华服的姑娘们美丽而幸福得多。

“不行，不能这么下去！”站在窗口，董竹君坚定地对自己说道。她告诉自己，一定要想办法冲出这牢笼，一定要让自己过上正常人的生活。

照孟阿姨过来人的说法，能逃出这长三堂子的方法就是找人结婚，只要那个人将自己买走的钱能满足老鸨的欲望，那自己的脱身便指日可待。

那么，去哪里找到这个人呢？

董竹君抿抿嘴，眉头紧蹙没有答案。许久，当她转身看到墙壁上那张画时，“夏之时”三个字从她心里油然而生。

一座桥，一把洋伞，一个穿着黑红色长袖上装和深蓝色裙子的女人，背着书包正向人们走来。这是一幅日本情调的画作，也是一段关于日本女性平等状况的描述。

在那个女权还没有被重视的年代，男人们的霸道和专横成为社会的主流，习惯于男尊女卑的旧式女性也很少思考应该如何改变自己枯燥而单调的生活方式。

那个年代，关于女人的定义就是相夫教子，为男人服务，其他关乎生活状态和精神面貌的思想解放却因为封建礼教的残留而无法绽放。即便是接受了新式思想的女学生们也不得不回到那个被封建思想包裹的家庭中，按照父母的旨意，完成包办的婚姻，将曾经有机会飞出牢笼的梦想做成禁锢中的时代祭品。

年轻的生命在封建的魔掌中凋零，活泼女性被迫在不见天日的所谓“闺房”里荒废了时光。《雷雨》中，曹禺用独特而发人深省的笔触刻画了一个人格扭曲、被畸形爱情逼成疯子的女人——繁漪，这个在新时期成长却最终难逃封建婚约的悲惨女性，其身上的悲剧色彩何尝不是新旧思想冲撞下的无奈结局。

有志之士在西方国家的求学带来的不仅有经世救国的经验，更有另一个社会先进而精彩的生活方式。人们除了看到金发碧眼的新式模样，更看到了女人的另一种精彩。

曾经，董竹君询问夏之时日本女人能否读书的问题，夏之时的回答让她在开阔眼界的同时，更心生向往。“在日本，女人都可以读书，中学、大学、师范学校、家政学校，各式各样的学校给她们提供了良好的受教育的机会和环境。”

这是多么美好的事情！要是能去那里求学该多好！

在董竹君的心里，读书是女性的唯一出路。曾经，母亲为了让她能嫁个好人家，也让她上过几年学，但没想到最后她还是落到如此的境地。人生常常无法选择，但脚下的路却事在人为。倘若真的能和夏之时结合，并让他带自己到日本读书，这样不但能跳出苦海，还能达到父母和自己的期望，用自己的知识替国家和百姓多做些事。

想到这儿，董竹君更加确定夏之时便是帮助自己逃离魔掌的不二选择。

在孟阿姨的鼓励下，董竹君更加认真地考察夏之时的为人。正如这个革命党人自己说的，所有的客人里，只有他关心董竹君是否能读书等问题，也只有他用真心体察这个小姑娘在火坑中的不易和艰难。但是董竹君的心里还是有挥之不去的担忧。

"我是穷苦人家出身，又是押进堂子里来卖唱的姑娘，这样的男人如果是花言巧语欺骗女孩子家的，那我相信了岂不更加糟糕？"

为了更好地做出判断，董竹君决定就此向夏之时询问清楚。谁知，夏之时的回答非但没让她的担心有所减少，反倒更生出了焦虑。

原来，夏之时并非单身，多年前父母包办的婚姻让他成了一个妻儿双全的有家室的男人。在当时的环境下，一夫多妻的婚姻仍然是允许的，虽然董竹君嫁给夏之时的路并没有被封住，但是成为别人的小老婆对她来说依旧难以接受。

童年的记忆里，董竹君晓得小老婆大多受气且不受人尊敬，倘若真的毫不犹豫地投身其中，那么低微的身份仍然会给她的生活带来苦难。

对于堂子里其他的女子来说，只要能逃脱"妓女"这个肮脏的身份，即便到大家做受气窝囊的小老婆她们也在所不惜，但思想独立和人格刚强的董竹君并不这么想。

她要自由，但这份自由必须是纯粹而完整的，倘若只看到眼前而不全面考虑未来的情况，那么如此获得的自由，就只能是饮鸩止渴的短暂快乐了。

面对刚出火坑又入狼窝的处境，董竹君犹豫了。思前想后，她打算重新物色出嫁的人选，以此从长计议，但孟阿姨制止了她。

虽然，这个老妈子并没有多少的文化知识，但在堂子里混了这么些年，她自然也知道些人情世故。在她看来，夏之时能劝说董竹君读书便证明他不是一个迂腐守旧的人，再加上他革命党人的身份，就更与旧时代的官差老爷们不同了。

“弄弄清楚，再问问他。”在孟阿姨的极力劝说下，董竹君重新审视了夏之时的态度。谈话间，她知道了夏之时与原配毫无感情的事实，也知道了这个妻子因为肺病而病危的消息。

“朋友们都觉得我妻子生了这种病，命应该不长了，所以我妻子还没死，他们便不停地同我说媒。”夏之时的口中，朋友们的“好心”让他有些无奈，董竹君也对这些旁观者的着急表示了不满。

“你的老婆还没有死，人家给你做媒你就答应了？你老婆要是知道了那还不活活气死吗？算了！我们的事慢慢再说。”一句话，夏之时和董竹君的事情便被她坚决地推迟了。可是，无论是夏之时还是孟阿姨却都知道，董竹君这番话并不是在赌气，相反，这样斩钉截铁的拒绝才是这个心地善良、刚毅正直的姑娘应有的态度。

她不会乘人之危，更不想把自己的幸福建立在别人的痛苦之上，在她看来，夏之时的妻子同样是有血有肉的良家女子，即便她与夏之时的结合是那场没有感情基础的包办婚姻，但作为夏之时孩子的母亲，她仍然是法律和道义上应该被保护的角色。

而这样的正直与诚信，正是多年后董竹君在生意上获得巨大成功的重要原因。

心动：原来你也在这里

有时，人的情感就像是湖里的水，在它尚未流淌开来的时候，表面的波澜不惊让人遗忘了它的厚重，可当它开始漫山遍野地泛滥，人们却惊讶地发现，原来这里头的水早已到了千百丈的深度。而董竹君对夏之时的感情正是如此。

在她将自己和夏之时的婚事推迟了一段时间后，这位相貌英俊、性格豪放的夏爷便不再出现了。起初，董竹君以为夏之时的消失是因为对自己的感情不够真挚，但当她听到堂子外头袁世凯称帝，大肆搜捕革命党人和爱国志士的消息时，一颗本以为枯竭的心竟在瞬间被满怀的担忧浸满。

此时的中国，一股屠杀的气息正在蔓延，曾反对袁世凯的革命志士不是亡命海外，就是躲藏在英、法、日租界里不敢露面。

董竹君虽然不太懂政治上的事情，但她心里明白夏之时作为“二次革命”的主要参与者，此时的处境自然危险到了极致。

曾经，董竹君觉得夏之时只是逢场作戏，曾经，她觉得后来夏之时拿出的那张关于妻子病逝的电报是为了欺骗自己而伪造的，但当她冒着风险前往夏之时隐蔽的日本胜田旅馆与其见面时，夏之时的欣喜若狂和失声痛哭让她突然意识到，原来自己的心早已和这个不惧艰险、为国为民的英雄紧紧相连了。

那时候，夏之时对董竹君的态度并没有多大的把握，眼看外界的局势日益紧张，夏之时担心之余内心深处更是保留着对董竹君的思念和不舍。

害怕弟弟遇害，夏之时的哥哥急忙从四川赶到上海，全力劝说他到日本念书避难，可无论他怎么说，夏之时都不为所动。

看着弟弟异乎寻常的举动，夏之时的哥哥最初还不甚明白，但当这个痴情的男子因为心力交瘁而病倒时，他才发现，让他离开这个危险旋涡的办法其实在董竹君的身上。

作为富家子弟，夏家大少爷免不了对青楼女子带有偏见，但和自己弟弟的安危相比，这些世俗的观点又算得了什么?

为了成全董竹君和弟弟的姻缘，夏之时的哥哥稍作思量后，便托了夏之时的朋友到长三堂子将董竹君请来。可让他没有想到的是，此时的董竹君也正打算前往夏之时的住处看望这位魂牵梦萦的知音。

门开的一瞬间，两人深情对望。平日里意气风发的夏之时因为身体的不适略显疲倦，但看着自己心爱的女人不顾安危前来相会，夏之时的男儿泪忍不住流淌于脸颊。

“竹君，我好想你呀！四川独立的正都督张培爵被捕，袁世凯出价三万元要我的头，外面风声很紧，我不敢出去，但是我时刻想着你。你今天来，我真高兴！”

夏之时将董竹君紧紧地搂在怀里，刚见面时的吃惊在两人依偎的温暖里化成了饱含相思的泪珠。董竹君则在这个男人的怀里，感受到了前所未有的安宁和勇气。

人性本就向往自由，对情绪和感触极力克制需要的不仅是客观和理智，更需要毅力和坚韧相辅相成，而这正是长久以来人们对善于把控情感的人由衷佩服和憧憬的原因。从这个层面上来说，董竹君在孤苦无依的堂子里与夏之时产生了爱恋之情与其说是年轻使然，倒不如说是她困苦的内心对美好的渴望。

面对袁世凯的追杀，面对随时可能被捕的危险，出身富贵的夏之时竟还能义无反顾地坚持心中的理想，坚定脚下的革命道路，这需要多大的勇气，又需要多大的决心。如此坚毅的品质，难道不是自己走出困境最重要的支撑和依靠吗？

这一刻，年轻的心在爱情的滋润下伴着春天的朝阳徐徐升起，董竹君如同一株顶着顽石生长的野草，即便那绿得耀眼的叶片被褐色的沉重覆盖住了轮廓，她也努力在细小的缝隙里透出倔强而任性的生命色彩。

想到这儿，董竹君从前对夏之时的反感全都烟消云散，心中所想已转变为唯有与他结合，才能共同迈向新生活。

“我找人去跟你们老鸨讲条件了，她要我出三万块钱，我答应出一万块，但她们还是硬要三万才肯放走。可是，我身上真的没有这么多钱。”夏之时语气平静，面色认真，微微皱着的眉头让人一眼就知道了他心里的想法。

是的，他正在为钱犯难。他身上的盘缠不多，除去要去日本的路费，要凑出一万元都有些困难，更不用说剩下的三分之二。但面对董竹君，他又绝对不能放弃，因为他所赎出的不仅是自己未来的妻子，更是一个清白女子的一生。

他微微地叹了口气，思绪转到哥哥的身上去。作为最疼爱自己的兄长，夏之时相信哥哥定然不会同意自己久居狼窝，也不愿意看到他的幸福因为金钱的束缚而不能完成。因此，找自己的哥哥资助应该是最快也是最有效的办法了。

他的眉头稍稍松开，眼神比方才更坚定了几分。董竹君默默地坐在他身边，两眼专注地看着夏之时的面孔，心中却泛起了波澜。

看着身边这个深爱自己的男人为自己犯难，董竹君对他的心疼油然而生，但更加强烈的感触是对堂子的憎恶和对老鸨的气愤。

这些如吸血鬼一般的恶魔，勾结官商，依靠恶霸势力将拐骗来的姑娘或穷人出身的少女拐卖来后，逼她们出卖肉体为自己牟取暴利。姑娘们远离家乡，远离亲人，虽然穿着华丽，却吞着眼泪，过着得过且过的日子，心中的悲凉和痛苦无人诉说，无处释放。

同样是人，同样是父母所生，可好人与坏人，穷人与富人相差为什么就如此之大呢?

“这是什么世界，竟然把人当东西一样变卖。他们还是人吗?他们是恶魔，是鬼怪！我不相信这世上穷苦人没有翻身的机会！”董竹君怒气冲冲，将心里的怨气一股脑儿发了出来。

夏之时却冷静了许多。他劝说董竹君不要冲动，毕竟现今这世道怒气冲冲也无济于事。但董竹君并不甘心，她不愿意沦为老鸨的赚钱工具，也不愿意老鸨对其他姑娘的迫害落在自己身上，她告诉自己，无论如何都不能让这个恶毒的女人得逞。

夏之时轻轻地抚摩着董竹君的肩膀，希望她的气愤能有所缓解，董竹君知道夏之时关心自己，脸上的愤慨渐渐融化。

她伸出手，从肩上将夏之时的手拿下来握在手里，一举一动间，一个盘算已久的主意在她心里终于生出了根。

逃跑：踏着自由的风

话本里，因为爱情和自由而逃亡的故事从来都充满了无穷的吸引力。

或许是人的本性，对爱情和自由的追求一直都是那么的孜孜不倦。因此，任何对人性的束缚和禁锢都会成为最让人气愤和憎恶的存在。尤其是在青楼这样的地狱，有志者的逃离更是对人性的彰显和推崇。

在夏之时看来，用金钱换取董竹君的自由和尊严是他义不容辞的责任和义务。虽然人们都说堂子里的姑娘没有情义，但夏之时却看得出来董竹君是个规规矩矩的好姑娘。她美丽老实，聪明善良，虽出淤泥，却终不染。这种冰清玉洁与洁身自好在那个风雨飘摇、人性沦落的时代里的确难能可贵。

所以，当董竹君答应与他结合的时候，他就告诉自己，无论如何都要让这个姑娘的未来在幸福的阳光里绽放。但董竹君并不这样认为。

作为一个自小就独立的女孩子，董竹君眼里的自立自强远比一味地攀附依赖要强得多。尘世里，多少姑娘因为男人而沦为附庸，且不说是否有真感情，那种认为出资“购买”即可抛弃的随意便是对女性最大的不尊重。

过往的故事在董竹君的心里蔓延，出于对自己今后人生的考虑，也出于看到夏之时为金钱犯难时的关切，董竹君决定自己解决眼前的困难。

她仰起头，面色坚定地对夏之时说：“我押进来是三百元，现在他们却向你要三万。你别管，我会想办法。你即使有钱我也不会让你这样做。”

夏之时有些愣住，脸上的神色诧异万分，可董竹君却并没有退缩的意思：“你就等我两个礼拜再说，无论如何一文也不要出。我不是一件东西，我会自己想办法脱离那个火坑的，记住，一个铜板都不能花，若是你花钱了，我就不跟你结婚。”

一句话，夏之时那颗在革命的腥风血雨里锤炼了许久的心竟又一次被打动了。他不知道董竹君能有什么办法逃离魔掌，也不知道自己顺着她的意思是否真的能让两个人的感情有个归宿，但他明白，这个女孩子的刚毅果敢定然不是一般人所能企及的。

因此，当董竹君向他约法三章，希望夏之时允诺她不做小老婆、到日本求学、共同组建家庭的三个条件时，这个革命英雄毫不犹豫地就答应了。

是啊，面对这样坚定的女孩，谁能拒绝她关于尊严的请求，面对如此独立的女子，谁又能忍心她婚后成为男人的附庸，失去生存的价值。

当堂子一天的热闹散去，凌晨的暗色笼罩四周，董竹君带着对未来的期盼鼓起勇气绕开了保镖和老鸨的重重防守，轻手轻脚地走出房门，小心谨慎地打开了长三堂子的大门。她将自己身上那些来自老鸨赏赐的金银首饰通通卸下，只留孑然一身踏入这迷茫的夜色。

古时，有司马相如卓文君连夜私奔的典故，也有薛平贵与王宝钏携手逃离的故事，和她们相比，董竹君逃离青楼的举动在同样果敢的基础上，更多出了新时代女性追求独立、维护尊严的英勇。

在利益的驱使下，多少姑娘的幸福和生命在青楼的黑暗里凋零，她们痛苦、挣扎，但对现实的恐惧和无奈迫使她们其中的大部分人只能忍气吞声。这样的“纵容”，让老鸨们更加有恃无恐，她们用恶毒的辱骂和残酷的体罚让这些天性胆小的姑娘不敢迈出大门一步。

这种情形下，董竹君内心深处饱含着的对外面生活的热情和敢于冲破枷锁的勇气便显得越发地可贵。

穿过街道，穿过晨雾，董竹君敲开了夏之时住处的大门。看着这个素衣少女紧张却坚定的神色，夏之时一下就明白了，眼前的爱人所说的“不花一分钱”到底是什么意思。

简单地出走或许还不是很困难，但如何躲开老鸨们的眼线是这场逃亡成功与否的决定性因素。

为了让自己的非法勾当得以延续，老鸨的势力遍布上海，街市间被她收买的眼线更是多如牛毛。离开堂子的楼却不离开上海简直就和没有逃离一样，随时随地都有被遣返的可能。

想到这一层，夏之时明白，只有赶紧离开上海前往日本才是最稳妥的法子。当他将远赴日本的决定告诉自己的哥哥，这个心系弟弟安危的兄长随即为之筹划。没几天，在一切准备就绪后，这对艰难的爱侣终于踏上了东渡日本的旅程。

在很多人眼里，夏之时是董竹君命里的一道阳光，因为没有他，这个姑娘将会在妓院的黑暗里香消玉殒，而她充满传奇的一生也将不复存在。但，当我们重温这段苦难里的爱情的时候，董竹君又何尝不是夏之时的生命希望。

试想在那段因追捕而提心吊胆的日子里，有一个勇敢的女人因为对爱人生命的担心而冒险相会，那种慰藉就像是暗夜的海上灯塔里散发出的亮光，虽然微弱，却足够让航行者近乎没落的心重新找到振作的理由和方向。

从这个角度上讲，这两个人的结合的确有天生注定的成分，他们在彼此的黑暗里相遇，却朝着共同的光明而去。

自由的风拂过甲板，虽然带着一丝海水的咸腥味道，却仍旧让沐浴其中的董竹君感受到前所未有的安心和愉悦。过去的三年里，像这样如同正常人一样享受平凡的生活是她遥不可及的梦想，阳光照耀的恍惚下，董竹君的心里还有些许不确定所带来的惶恐。

但是，当她用心感受手心上夏之时传递过来的温暖时，那种真实的触感却让她忍不住睁开了眼睛想去证实。她皱着眉，努力地寻觅阳光中那张熟悉的面孔，四目相对时，那种对幸福的确定让她的心绽放出了久违的安宁之花。

在堂子里卖唱的年月里，董竹君常常听到革命党人对日本的描述，在他们口中，那里似乎是一个比中国强许多的地方。看着茫茫的海水，董竹君下意识地将听到的只言片语在脑海中拼凑，但一连串关于日本的疑问还是不由自主地蹿到了心间——日本的风景如何，明治维新是什么景象？那里是否也生活着寻常百姓家，是否有安居乐业的平静可享？

海的尽头还很遥远，水天相接的地方望不见对岸究竟是什么模样，没有具象的答复，但直觉却让董竹君清晰地感觉到：海的另一边，一段崭新的生活正在向她招手。

第三章

周折－人生到处知何似

东渡：在别人的土地上生活

在古诗词的范畴里，独在异乡为异客的感觉似乎不是那么良好。有时候，人们会感慨自己在一个陌生的环境里无所适从，那种急切想要摆脱的心境，反过来更让内心的彷徨有增无减。

人是群居动物，对周围的依赖除了熟悉的山与水，更多的是那些耳熟能详的乡音和乡语，语言不通和交流上的不畅快难免会给平常的日子增添烦恼。但是，这种看上去司空见惯的心理却并未在董竹君的身上出现。

日本是异邦，风土人情和生活习惯与大陆上的中华相比虽然有所继承但终究差异巨大。作为寻常人家的女孩，董竹君在堂子里阅人无数的经历并不能在这里得以施展。

不过，这丝毫没有成为她融入日本社会的绊脚石。读书、学习、看报，董竹君没有自卑，没有焦虑，她用热情和认真全副身心地融入异国的生活里。

多年前，董竹君梦想着自己能真正成为一个有文化、有志向的强人，当她的梦想从虚无缥缈变得触手可及，那些因为地域差异而出现的不适，又怎会将她内心的火焰浇灭？

为了更好地完成学业，董竹君开始跟随夏之时和当地的留学生接触。作为曾经的留学生，夏之时对旅居于日本的年轻人有一种自然而然的亲切感。

这种流淌于前辈与后生之间的志同道合，是一种人与人之间的融洽，更是海外华人对祖国共同的眷恋。在他的眼里，这些莘莘学子除了拥有良好的语言基础，更精通于日本的生存之道。

那时，第一次世界大战进入后期，英法等西方帝国主义国家迫于战争无力东顾，日本便趁机对外扩张。大限内阁对华失策后，日本的扩张一改军事恫吓的压制政策，开始高唱中日亲善论，企图以此实现民族渗透，最终侵吞中华。

顺应这一潮流，旅日的中国人处境自然改善了不少。但面对伪善背后的狼子野心，这些刚走出国门的年轻人并未有感恩戴德的情绪。相反，他们心里比谁都清楚，这个光鲜亮丽的面具随时都会被面目狰狞的魔鬼面孔所取代。

此时，国内的局势并不容乐观，袁世凯虽然倒台，但革命势力的发展仍然受到封建残余势力的制约和打击。为了壮大爱国势力，夏之时和留学于日本的革命志士决定以日本内阁短暂的优待为契机，培养民族革命力量，以此为回国后的斗争做储存和准备。

1915 年，“护国战争”爆发，蔡锷等爱国人士用自己的实际行动对袁世凯的倒行逆施进行了全面的声讨。听到护国军与北洋军在川南激战的消息，夏之时和几位革命党人感觉到国内革命高潮的时机已到，共同商议后，决心一同回四川参加讨袁斗争，为恢复共和贡献自己的一份力量。

而这和董竹君的想法不谋而合。早在袁世凯称帝的时候，董竹君就和其他民众一样热切期盼着革命党人二次讨袁的到来。但是来自专治者的高压和迫害让这个关于讨伐的期望越行越远。

就在人们开始有些心灰意懒的时候，蔡锷举起的护国军旗帜从云南给人们带来了希望。

"恶贯满盈的袁世凯如此窃取革命的果实，我恨不得自己能和英雄志士们共同将窃国大盗打倒，恢复共和。若能这样，中国人才能不受强权恶势力的压迫凌辱，才能不遭外国人的百般欺侮，国家才能独立富强，日子才能越过越好。"

当年近百岁的董竹君和后人们说出这段话时，中华大地的人们早已在祥和太平中度过了几十个春秋。但回想当年，那种对共和的期盼和对民主的渴望却像烙在董竹君的脑海中一样，清晰可见。

夏之时回国后，董竹君关切丈夫的安危，日本的报纸和广播虽然能带来前线的消息，但终究屈指可数，寥寥无几。为了获得更全面的信息，董竹君与爱国人士的讨论更加频繁了。

这些来往家中的留学生，生气勃勃，思想活跃，每当他们谈论祖国大事，分析日本和国际形势的时候，董竹君总是听得格外认真，因为在这些话里，她不仅能听到自己丈夫的消息，更能听到整个国家的前途和未来。

终于有一天，董竹君在这些人的话里，听到了丈夫在国内的情况。

“夏之时回国后就与唐继尧联系，然后转赴川滇黔边境赤水县。不久，唐继尧电令将驻黔滇军精锐一团交给夏之时节制指挥，夏之时由黔赤水率军出师，一个月就攻占了川南合江、永川及壁山等县，司令部就设在合江。目前，部队扩充为三团，正准备进军北伐，以此帮助护法将军完成大业。”

听到这些消息，董竹君心潮澎湃，丈夫的安全让她高兴不已，战争局面的好转更让她兴奋异常。读书的日子里，董竹君常常将自己祖国的混乱与日本国内的太平作对比，军阀混战，国家分裂，人民无权，生灵涂炭的场面让她痛心疾首之余更坚定了奋起救国的理想。

听到俄国十月革命的胜利和马克思列宁的社会革命学说时，董竹君更是希望能同他们一样用最先进的政治武器将袁世凯这样的卖国执政者打倒，以此实现社会的民主和国家的共和。

作为传统女性，董竹君知道自己应该仔细料理家务、好好教育儿女，但这并不妨碍董竹君创办事业，从经济上为国民开路这一思想的形成。

或许这样的一个董竹君看上去有些“不伦不类”，因为她所畅想的是超越她女子身份的“男儿梦”，但只要仔细回望董竹君的过往，我们便不难发现，这个女人从她为父进青楼开始，就早已不是寻常人家的弱女子了。

她果敢、独立，从来不让自己成为封建残余的附庸，她的目光在日积月累的锤炼中早已越出了闺房，直奔风云变幻的政局而去。

而这，正是属于她的传奇最重要的起点和方向。

归来：故乡的呼唤

人生过往，现实和梦想不谋而合自然令人庆幸。但多数时候，现实和梦想的冲突总让人不得不在纠结中做出选择。

于董竹君而言，跟随夏之时到日本读书生活是她青年时期最幸运的事情，但当她想继续这样的学习生涯，并到法国留学的时候，一封家书的到来却让她陷入了矛盾之中。

那时，她刚刚结束了东京御茶之水女子高等师范学校的课程，内心对知识的渴望和一直追随的读书救国的理念，让她萌生了到法国深造的想法。

在日本，董竹君的聪颖是有目共睹的，除了平日里来家中讨论的留学生，主抓教学的松田老师一直对她赞不绝口，认为以她的能力，到国外继续学习肯定不成问题。

在众人的鼓励下，董竹君开始筹划前往法国的事宜，但夏之时从四川传来的夏父病危的消息让她不得不停下手头上的工作，转而思量起来。

作为新时代的进步女性，董竹君理性思维里的独立意识自然首先占了上风，但作为继承中国女性优良传统的好姑娘，董竹君对丈夫家人的责任在感性的范畴里慢慢放大。

这时的她，早已不是孑然一身，膝下三岁的女儿国琼让她懂得了身为人母的重量和对夏之时的责任。曾经，因为孝道，她毅然走进了堂子当了三年的“清倌人”，如今，公爹重病，作为儿媳，董竹君自然没有袖手旁观的道理。

心中救国的理想仍在翻腾，董竹君在家国两种情绪的冲击下犹豫不定。院子里，女儿嬉闹的声音传来，董竹君随声望去。活蹦乱跳的小家伙让她不由得想起自己的童年，往事在脑海中流淌。她感慨，更唏嘘，试想当年若没有遇上夏之时，那如今的自己不知道会是怎样的一番景象。

记忆的阀门不经意打开，董竹君猛然想起当时在旅馆中看望夏之时的对话——“你管你的国家大事，我从旁帮助你。我会管理好家务，如此才能做你常常提到的‘好内助’。”

只一瞬，董竹君原先还浸满阴郁的心，即刻便豁然开朗。谁说回国便无法实现救国的抱负？自古忠孝难两全，但这个命题在夏之时革命党人的身份之上有了良好结合的可能。

回到祖国，丈夫从事的同样是救国救民的爱国事业，自己虽不能像他一样在战场上战斗，但站在夏之时身后支持他的事业也未尝不是一件荣幸的事。

桌上，夏之时的亲笔书信正安静地躺在阳光下，字里行间的表达与其说是家中亲人的召回，不如说是祖国母亲的呼唤。想到这一层，董竹君发现自己虽然因为人妻的身份而改变了实现梦想的途径，但前路的方向并未受到任何影响。

一声轻叹，董竹君原先紧蹙的双眉在笑颜绽放时，打开了纠葛。她招招手，叫院子里的女儿到自己身边。女儿依偎到她怀里的那一刻，董竹君的下一站由浪漫的法国巴黎转为中国的山城重庆。

尽管朋友们对董竹君的仓促离去并不理解，但她对这个决定笃定而坚持。践行时，平日的朋友都来了，热闹非凡的场面背后，友人们依依惜别的伤感隐藏其中。

女儿还小，对大人们的情绪自然无从理解，董竹君看着她与屋里的友人玩闹，心生羡慕之余，对友人的不舍竟在女儿的无忧无虑里越发浓烈。

在中国那段年少青葱的岁月里，董竹君遇到的是社会里最黑暗的压迫，当她逃离魔掌，来到海的这一边时，她却意料之外地遇上了相谈甚欢、彼此尊敬的友人。

这是一种友谊，更是一种激励，它在告诉董竹君这世上还有真情的同时，更加确定了她暗夜里坚持的信念和正义。

士为知己者死，董竹君视这些异国同胞为生命中最宝贵的财富之一，因此他们的分别格外悲情而感伤。干净的码头井然有序，船顶连接到船杆的五彩旗仿佛人们之间的感情，牵牵扯扯，连绵不断。海岸边，轮渡上，董竹君携着女儿与众人挥别，泪水模糊了双眼，朋友的影像却清晰可见地停在眼前，挥之不去，印象深刻。

此去经年，无法预知的未来里是否能再相见无人知晓，但“海内存知己，天涯若比邻”，心中长存志同道合之人，即便不知彼此具体的境况，也能在心有灵犀间感觉到对方正与自己朝着共同的方向努力并奋斗着。

就这样，董竹君结束了自己在日本的生活，在祖国的召唤下踏上了回国的路程。后来的人生道路上，董竹君在国外流亡的经历虽然还有很多，但这段经历是她人生道路上最绚烂的一笔。它注满了一个年轻人追求自由平等的渴望，更为这个年轻人提供了弥足珍贵的学习机会，为她日后的传奇奠定了识文知理的重要基础。

回到上海，董竹君稍稍缓解了船舶的劳顿后，便迫不及待地邀请母亲前来相见。

自从十一岁那年，董竹君被迫进入长三堂子后，她便再也没有见过父母双亲。后来去了日本，孝顺的董竹君虽然常常寄钱回来，但遥远的距离仍然成为天伦的阻隔。

离别的泪水在脸上流淌，重逢的喜悦溢满心间。董竹君仔细端详母亲，细致入微地观察她身上因为岁月而苍老的痕迹。

“幸亏你在那边寄钱给我们，不然生活更困难了。”母亲握着董竹君的手，眼睛里满是激动。曾经性格火暴得让董竹君感到恐惧的她，近日里却被刻骨的思念融化成温暖的水。

董竹君看着母亲的变化，深知双亲这些年的不容易，一种深入询问的想法从心中升起。在得到母亲关于生活境况有所改善的答复后，她那颗悬着的心才真正地放了下来。

然而，就在她以为自己不在的这几年上海的穷人甚至中国的百姓生活水平都有所提高的时候，母亲和姨母口中那些马路边的叫花子和街头路角被人遗弃的私生子却让她突然意识到，这个泱泱大国的悲惨基调并未因为讨袁的成功或者第一次世界大战的胜利而有所改变；相反，积贫积弱的局面在战火的笼罩中大有愈演愈烈的势头。

一席家常才聊完，满腹国事惹心伤。董竹君回来了，带着最新的理念和最强烈的期盼远渡重洋地回来了，但现实的复杂和无奈在她才踏上故土的时候就毫不留情地从头到脚地泼了她一身的凉水。

前进还是后退？回川还是留沪？

现实与梦想的再一次取舍间，董竹君毅然选择了继续。只不过，这一次，她的心里比任何时候都清楚：前方的路必然坎坷而曲折，她必须付出比在日本更大的努力才能让自己这个目标得以实现。

冷眼：现实复杂而沉重

每个城市都有属于自己的特点，人们在用这些与众不同的细节区分不同地方的时候，也习惯性地在它们的名字前面加上固定的形容词，以此对城市的风土人情或是地理和地理特色做一目了然的解释。而重庆，就是这样一座和“山城”的美好印象捆绑在一起的古老城镇。

关于“重庆”一词的由来，许多文献似乎有些苍白无力，因为大量的文字里，人们并不能找到关于这两个字最全面，或是最直接的解释。虽然，这个城市的历史可以追溯到三四千年前的夏商周时期，但人们还是喜欢用北宋的赵接踵于正月封恭王，二月登基自诩“双重喜庆”的记载作为这个城市名字由来的解释。

如果拿重庆和上海作比较，那么在一马平川的上海悠闲地游荡显然比在山城的台阶上大汗淋漓地爬阶梯要幸福得多。而这，正是董竹君对重庆这个后方城市的第一印象。

清末，当帝国主义用坚船利炮打开中国大门的时候，原本闭关锁国的中国人不得不在一场场的战争中开始寻求变革和维新的可能。即便关于革命和变法的先驱们被蛮横无理的清朝政府追捕、迫害，但更为先进的科学技术与生产方式还是不可阻挡地顺着海岸边的通商口岸进入中国沿海地区。渐渐地，这些来自异国却与时俱进的新鲜玩意儿从通商口岸深入腹地，并最终到达重庆这个偏远的西南城镇。

从长江轮船上下来，董竹君和女儿便坐上了临江码头上轿夫的轿子，一路向夏之时的老友黄先生的家中去。公事繁忙，夏之时没有空余的时间来接妻儿，于是陪同董竹君母女前往山城腹地的是勤务兵卢炳章和先前夏之时妻子的两个丫鬟。

虽然身边有人照应着，但寄人篱下的感觉并不好受。一开始，黄先生家中的黄老太太对董竹君还算客气，但日子长了，黄家的招待也开始有了怠慢的趋势。于是，在夏之时的联系下，董竹君又带着国琼到夏之时的大哥夏冕昭的好友谭守仁医生家中。

所谓“医者仁心”，对董竹君的到来，谭守仁与家人并未有丝毫的不情愿；相反，他们竭尽全力的照顾让刚刚回国的董竹君母女得到了难得的慰藉。

这份情感不是敷衍了事，不是虚假做作，而是友情的体现和延续，它绵长、真挚，直到多年后，谭守仁仍然是董竹君和家人身边最信赖的医生。

作为好友的弟媳，董竹君既然受了兄长的安排，自然可以在此处安心地住下去，但生性独立的董竹君不想让自己成为别人的累赘。于是，在对重庆有了足够的认识之后，董竹君便差人前往马蹄街十六号租了自己的房子，并将夏之时前妻生的两个孩子接来同住，从此开始了自己在山城真正的生活。

通常来说，人们到了一个陌生的城市会有彷徨、恐惧，所以游走在市井巷间，人们会下意识地收起自己的本性，以此寻求与这个城市最默契的融合。

但董竹君并没有这样的适应过程。似乎是天性，这个独立的女孩从小就对世间的正义和道德有着认真而强烈的追求。她对社会上的不平有一种与生俱来的、将其纠正的冲动与责任，再加上在日本那几年见识了政治清明、民风淳厚的景象，这种怒国民不争，哀国民不幸的情绪就更加地明显而突出了。

于是，打抱不平似乎是最合理也是最常见的表达方式。这种据理力争的语言交锋既不会因为漠视而引发纵容，也不会因为暴力而引起骚动。

在她义正词严地斥责打翻小贩一担瓷碗的官老爷时，街上行人的注目表明了他们的惊异，也证明了这个国家亟待提升的正义感。当她抓住那个日夜打骂儿媳并告知她随时可能告官的老人的时候，受害者与被害者的诧异说明了这个国度里女权的沦丧和人权的泯灭。

任何一个时代都有先知者和愚昧者，他们的差别不在于智力和情商，而在于所见的市面和对未来世道的嗅觉。

显然，董竹君属于前者，她身边的多数人属于后者。且不说萍水相逢的路人，即便是与董竹君朝夕相处的丫鬟们，也都沉浸在封建残余里，无法抽身，不能自拔。

她们喜爱董竹君，但这种喜爱并不是因为董竹君本人的人格魅力，而是因为她的丈夫——夏家二少爷。作为夏之时眼下最上心的女人，董竹君这个“新太太”在丫鬟们的眼里分量自然比先前的“旧太太”重了许多。

不论是随叫随到的态度还是有求必应的行动，无论是董竹君的真实需求还是随口一说的无心之言，仆人们总是想尽一切办法满足她的需求。起初，董竹君以为这是因为夏家向来的家风所致，但梅香的一番话，却让她感到了莫名的恐惧。

“我们以前那位太太真是可怜，生病了不说，还被那些人活活气死。她们常对旧太太冷言冷语，还说：二少爷到日本念书就不会再回来了，即便是回来了也不会再要你这个乡下人。旧太太本来就病得不轻，再加上这些话的刺激，肺病就更厉害了，就连临死前向刘婆婆讨两条活鲫鱼吃，这些人都没有理睬她。”

在大户人家，小丫头揪着往事偶尔嚼嚼舌根并不算新鲜事，但话语里透露出的势利和人心让人不寒而栗。作为夏之时的前妻，这个女人的悲剧不仅在于爱情的逝去，更在于自己的独立和自由竟完全依托在男人的喜好和身份上。

尊严在专制的深宅大院里被无情地忽视，生命在封建礼教的残余里只能苟延残喘、任其凋零。

想到这一层，董竹君的内心难以平静，她对夏家的过往无言以对，对自己的未来也有着难言的担忧。但人已经到了重庆，于情于理都没有再回到日本的道理了。

是福不是祸，是祸躲不过，董竹君带着直面困难的勇气领着女儿推开了夏家的大门。这个人事复杂、充满封建气息的家族用严厉的规矩和家法将董竹君原来的想法一一坐实。

婆婆的凶悍蛮横、家人的钩心斗角、心机者阿谀奉承的逢迎，下人们如牛马一般的苦难，这些封建家庭都有的陋习，夏家人一样不少，统统具备。

作为曾经在青楼混迹卖唱的姑娘，董竹君的处境和待遇自然不会和“好”字沾上边。传统的老人们觉得她伤门风，不能做家里的正太太，所以一直撺掇夏之时再娶一房正室。夏之时听到长辈的教唆，心中的不快促使他不停与老人们争辩。复杂的局面让董竹君感到忧虑和气愤，但看着夏之时的忠诚和坚持，她自然没有火上浇油的道理。

为了改善丈夫和自己的处境，董竹君更加努力地扮演“贤妻良母”的角色，不到万不得已定然不与他们争吵。每天，她除了伺候丈夫外出办公，剩下的时间便用来做缝纫、绣花、烧菜和洗衣。到晚上，她还教侄子们读书，帮总管算账，连夏之时的四弟结婚她也出谋划策，主持婚礼。

几个月过去，董竹君已在夏家上下立下了极好的口碑，人们不再因为她过往的身份而给她冠上不良的名声，称颂她知书达理、贤惠能干的人也越来越多。渐渐地，连夏老太太这个出名的“悍妇”也开始在董竹君请安的时候朝她客气地露出了笑容。

有道是“水滴石穿”，董竹君用自己的真诚和实在打开了夏家人心里的坚冰。日子在她的努力下，似乎正朝着美好的方向延伸，然而，就在董竹君看到了生活的希望，并开始憧憬自己和夏之时的未来时，这个曾经与她相濡以沫的男人竟开始以一副冰冷的面孔与她相对。

而这，自然是董竹君全然想象不到的重大意外。

尊重：莫名其妙的婚礼仪式

有人说，维护一段婚姻最关键的品质是夫妻双方的信任。这种信任由心而发，给彼此支撑，更给家庭增添融洽的气氛。的确，这样的说法是有道理的。毕竟，没有人喜欢在一个充满猜忌的环境里生活，费尽唇舌的解释不说，连内心最起码的依赖感都无以着落。

因此，当董竹君听到丈夫对自己“不忠”的斥责时，那种不可思议的惊讶感可想而知。

那时，夏之时因为常年骑马而生了毒疮，高烧不退，非常危险。作为他最亲近的人，董竹君责无旁贷地担起了侍候丈夫的责任。每天，她都悉心为他上药，然后到厨房给他烹煮专门的菜式，甚至连端拿便盆一类的粗活，她也从不推托。

看着丈夫睡去，董竹君才悄悄地走出房间到走廊处透口新鲜空气。一日，董竹君照常站在平日的位置看着院子里的花草树木，春光和煦，碰巧一个相识的卫兵从走廊那端走来。

卫兵客气地向她敬礼，询问长官夏之时的病情，董竹君见这人甚是有礼，又见他对夏之时的情况很是关心，便十分自然地冲他谈了几句。原本只是寻常的聊天，说完这几句话才进门，屋里的夏之时竟毫无征兆地破口大骂起来。

“我还没死，你就开始勾搭其他男人！”只一句，董竹君的心便被强烈的侮辱震碎了。茫然迫使她的脑子一阵空白，才回过神来，董竹君被这无理取闹的话语气得心神俱裂。

“他太不了解我了，我对他一片真心实意，他却如此地侮辱我。他不相信我也不尊重我，总怕我变心，完全不能平等地对待我，在他眼里，我这个妻子其实就是奴隶。”

回忆录里，董竹君对夏之时的婚姻观念提出了质疑。曾经，他们因为彼此志趣相投而产生了浪漫浓烈的爱情，在日本这份爱情在彼此的培育下绽放出了诱人的花朵，但今天，这朵花却因为夏之时的猜忌开始枯萎。

于董竹君而言，一个人对感情的绝对忠诚是必然的操守，即便她身上披着“青楼女子”的字样，爱情里的坚守仍旧是她在婚姻里恪守的底线。

但是，世俗的眼光并不承认她出淤泥而不染的品质。在他们看来，卖唱出身的董竹君从堂子出来的那刻起就不可避免地带着“水性杨花”的属性。她不会对一个男人专情，四处搭讪的习惯更是她生活里最有趣的玩闹。

就这样，在周围这些偏见的影响下，夏之时看董竹君的眼神越来越不同。他奉命从日本独自回国时，给董竹君那把手枪时附上的那句关于董竹君越轨后自裁的嘱咐就已经让她心寒，这一次，他疑心自己勾搭其他人的恶语相向就更让人心伤。

从来，董竹君都是有血性的女子，听到夏之时的侮辱后愤然离场的做法可能更符合她宁折不弯的性子。但是，董竹君没有这么做。

看着这个朝夕相处的丈夫，想着他带自己脱离苦海的过往，董竹君原先的愤慨和吃惊里不由得生出了一丝不舍。是的，她不舍这个男人，不舍这个家，不舍她精心培育的爱情，更不舍这个乱世里好不容易才找到的避风港。

她想回敬夏之时几句，但看着床上的他仍旧带着病中的痛苦神色，心潮起伏的她还是选择了咬牙忍住。眼泪顺着她的脸颊默默地流淌，她的手紧紧攥着拳头，呜咽的喉咙却始终并未发出一丝一毫的声响。

她希望忍让能让自己的婚姻得到延续，更希望她的贤惠能换回夏之时的初心，但事与愿违，当他们纯粹的感情落入世俗的偏见时，这场婚姻就注定了悲剧的下场。

为了赢得明媒正娶的名声，也为了让董竹君与“卖唱女”的身份做一次彻底的了断，夏家的长辈在完成了对董竹君的考验后，要求她与夏之时重新成一次亲。而这，其实是在否认董竹君与夏之时已然的夫妻关系，和她膝下女儿的存在感。

关于社会身份的误解，董竹君可以理解，也可以尽力配合，但对自己和女儿家庭身份的质疑让她受到了前所未有的打击。在她心里，夏家早就是自己全心投入的夫家了，尽管从未与公婆谋面，但夏之时的存在足够证明她与这个家族的关系。

正是因为这一点，董竹君才会毫无顾忌地为夏家生养后代，也是因为这一点，她才义无反顾地从日本归国，为公爹和婆母尽儿媳身上应有的孝道。

可是，在她全身心地投入夏家的时候，一个突如其来的婚礼却让她感受到这家人从来都与她划清界限的内心想法。董竹君不同意，她不愿让这个婚礼成为否定她付出的证明，但夏之时却乐此不疲。

他轻描淡写地说道："只要她老人家高兴，再拜一次堂也没什么，再说，他们说的也不无道理，你毕竟没有正式在我们家进门，终归还是再拜一次的好。"董竹君听完，轻叹一声，内心开始被无奈蚕食。

多么可恶又可笑的封建礼教。一个女人，同一个丈夫并未离婚，却因为结婚时的门不当户不对而重新出嫁。这种无理的要求迫使董竹君的不高兴写在了脸上，但接下来发生的事情更让她感到气愤。

"这是你们大哥在上海帮你赎身的时候付给巡捕房和堂子里的一张收据，现在你既然嫁过来了，就由你拿去毁掉吧！"新婚当晚，大嫂将一张不知何处而来的千元收条交给了董竹君，董竹君看着这笔和自己完全无关的账，目瞪口呆，说不出话。

“他们这样做，到底什么意思？当初明明是我自己逃出来的，那张一千块的收据是大哥被巡捕房关禁一礼拜的罚款，怎么把这笔账算在我的身上呢？他们又为什么把它保留到现在？他们把我看成买进来的货物。穷人和卖唱出身的，真的那么下贱？”

一连串的疑问在董竹君心里翻腾，她越想越伤心，越想越气愤。丈夫觉得自己的哥哥吃了苦，并未吱声，四周的人带着鄙夷的眼光看着这个用一千元买来的新娘，此情此景，谁能为董竹君的真实经历辩驳，又有谁能为她内心的尊严做辩护。

她不甘心，更不想妥协。她不相信这一切从她踏入堂子的那一刻起就早已注定，也不相信曾经那个世俗不容的身份就决定她这一辈子的努力和奋斗都将无疾而终。

她告诉自己，终有一天，她一定要在这个世道上闯出属于自己的道路。等到那一刻真正到来时，她一定要带领穷人们用最堂堂正正、最光明磊落的身份为自己赢回人格的尊严和真正的独立。

第四章

改变－山雨欲来风满楼

北上：尘埃落定后的幸福幻象

自古以来，英雄的豪情万丈总能让人跟着心潮澎湃。这种心理上的崇敬和仰慕，让人们在对英雄事迹津津乐道之余，也对英雄的不幸心生怜悯，充满同情。

世事难定，人生无常，即便是盖世英雄也无法保证自己能一直停留在信仰的巅峰，无风无浪、光芒四射。纵观历史长河，多少揭竿而起、为民请命的英雄最终都逃不过人心的险恶和命运的刁钻。

于是，才有了宋江的悲怆离世；于是，才有了岳飞那场莫须有的罪名。面对历史，董竹君从来都敬畏有加，她虽然并不知道那些历史典故对当下的政治有多少的借鉴作用，但她明白其中蕴含的人生道理对寻常百姓的日子有怎样的教导意义。

正如当年她因为故事里的“孝道”而答应卖身到堂子里一样，董竹君凭借着自己对妻子责任的执着，坚定地跟随着丈夫的足迹四处漂泊，即使这样的行程遍地荆棘，充满险恶，她也义无反顾，从不退缩。

那段时间，四川局势风云变幻，滇、黔军会合后熊克武部攻克了重庆，并向北洋政府委任的督军刘存厚发起军事进攻。战事胜利后，熊克武被举为川军总司令，主持四川军政，四川军阀之间的争夺战虽告一段落，但川军内部的整编让这个刚刚经过战火的军队又一次陷入了内讧的混乱中。

1918 年秋，夏之时在合江驻防地收到熊克武前往成都会面的电报，才到成都，夏之时便被熊克武免了军职，旗下军队亦被缴械收兵。

电光火石间，曾经在川军里叱咤风云的夏督军一下便成了文职“建昌道尹”，曾经在合江整装待发的夏家所部，一下成了熊氏川军补给的来源。

常言道，由奢入俭难，这句话虽然说的是物质上的满足感，但精神上的需求又何尝不是如此。作为四川境内第一批觉醒的革命志士，夏之时从来站在革命的前沿，于他而言，手拿钢枪，身骑白马的战斗才是本质的革命行径。

因此，当熊克武做人情似的给了他“川边建昌道尹”这个没有兵权的闲职的时候，夏之时自然觉得毫无意义，没有前往任职也在意料之中。

当时，未知真相的夏之时以为熊克武的召集并无恶意，因此从合江率军出发时，家眷老小也一并同往。除了家中几位兄弟，董竹君和几个子女也一同跟着夏之时的队伍浩浩荡荡北上。

董竹君生性好强，从不愿给任何人带来负担，因此当夏之时的大哥要她这些小辈们同到成都时，董竹君在明白他减少经济负担的同时，心中反倒多出了几分乐意。在她看来，脱离那个作威作福、欺人压人的封建旧家庭的确是件愉快的事。

所以，前往成都的路上，她心情的愉悦可想而知。但她没有想到的是，这种愉悦才持续了十几天，军政集团里的动荡便波及了自己年轻气盛的丈夫和尚年幼的孩子们。

丈夫被解除军职，从此赋闲在家。夏家原本还有些积蓄，因此二少爷的生活倒也没有多大的波折。但令董竹君意想不到的是，如此的变故虽然没有带来生活质量上太大的变化，却让夏之时从一个胸怀大志的革命志士沦落为心灰意懒、闭门不出的公子哥。

刚回国的时候，夏之时还是督军，虽然执掌兵权，但思想上开始在周遭的乌烟瘴气中有了动摇的迹象。“唉！当初在重庆做副都督的时候，我如果也像别人那样搞一大笔钱做活动经费，那现在这个督军的位置就是我的了。可惜，我当时只是纯粹为了推翻清王朝，为了革命，别人却不像我这么老实。这次从日本回川，我真心觉得没有兵权，没有钱，就没有人会来拥护你，什么事也是做不成的。”

听完他一番牢骚，董竹君并未觉得他如此的做法有什么不妥，相反，在她的内心，夏之时能这样做倒符合她内心对“清官”的定义。

她走到夏之时身边，手搭在丈夫的肩上，轻轻地将自己内心的想法说了出来：“我觉得还是这样好些。做个清官，心中坦荡，倘若做了个贪官污吏，除了祸国殃民，有什么别的用处？”

夏之时却并不赞同，他说：“你还年轻，有些事你不懂。”董竹君则更加坚持自己内心的想法：“我觉得现在的时代与以前不同，俄国十月革命，北京五四运动，这些都让人振奋，我们正处在变革中，紧跟着时代转变不是更好吗？想想这些，你心中是否会觉得好受些？”

虽然董竹君的年纪比夏之时要轻，但个性上的独立和对政治与新思想的敏感让她说出的话丝毫不比夏之时短浅。然而此时的夏之时已渐渐被周遭的蒙昧侵蚀，虽然他并不知道，但内心深处的变化让他与董竹君之间的距离越来越远。

“你一个女流之辈还是少关心这些事情吧！”一句话，董竹君被夏之时说得哑口无言。董竹君那时就感觉到自己的丈夫不再像刚回国时那样有朝气、有干劲。而当她与夏之时真正开始了赋闲的日子后，这个男人思想滑坡的症状竟越来越严重。

纵观整个中国的局势，广州南方军政府由桂系和政学系把持操纵，孙中山先生愤然辞去大元帅职后离粤去沪，积极整治党风，以防党内新军阀的产生。这种政治气候下，军阀间的争斗越发明显，四川各军在各自的防区内各自为政，横征暴敛，剥削百姓。地方的混战成了常态，军人命丧沙场成了常态。

工商凋敝，教育废弛，失业众多，民不聊生，董竹君看着周遭的巨大变故，震惊之余不觉对自己能偏安一隅感到庆幸。

初来成都时居住的猫猫巷小院太过狭小，出手阔绰的夏之时便出资一万元向富绅购买了东胜街大院。阔气的东胜街大院豪华气派，球场西北右角有一小块被董竹君改成了菜园、花棚、马厩和猪圈。如此的生活，在战火纷飞的年代里，显然十分幸福。

董竹君出身贫寒，从未想过能有如此舒适华丽的住宅可用，在这样的院子里她不再像待在封建气氛浓厚的合江老家里那般不自由，她也不用再像以前一样因为外头的战乱而对丈夫的安危担惊受怕。她坚信，只要自己好好治理家务、认真教育子女，那他们这个小家庭就一定能幸福美满。

但，现实与理想终究有差距。正当这个贤惠的女人努力营造家庭的和睦气氛时，那个早已与她同床异梦的丈夫，终究还是面目狰狞地开始了对生活的践踏和破坏。一道横在董竹君和夏之时之间的关于爱情的裂痕开始慢慢地延伸，越来越清晰，越来越无可挽回。

裂痕：有时爱情徒有虚名

法国，一直以来都以自由著称。“一战”后，欧洲政局趋于稳定，出外留学的人越来越倾向于前往法国沐浴那份饱含热情、开朗和潇洒的平等与博爱。

之前，董竹君由日本前往法国的计划因为国内的家事而发生了改变，看着国内留法的气氛日益浓重，董竹君又重新拾起了之前对法国的向往。

虽然，她的这个想法并没有受到丈夫的肯定，但董竹君并不觉得有什么不妥，在她的意识里，一个人若能到多个国家看看，那增加的不单是见闻，更是思想意识上的见识。

在朋友的推荐下，董竹君前往四川成都平安桥法国修道院补习法文，学习之余，她仍旧尽心尽力地为家中事务操劳。每天，她从修道院回来，除了安排丈夫与孩子们的饮食起居外，还耐心地陪着丈夫一道栽花种竹、养鸟养马。

下野后，夏之时除了对外头的事情不关心外，对家中的大小事务也不再上心。刚开始，他还筹划着在成都包家巷一带创办锦江公学，看到他热心公益事业，董竹君自然倾力相助，但没多久，这个义举就被夏之时的另一个恶习所取代。

赌博，这个生来就和罪恶同义的词汇不知何时起开始成为夏之时最喜欢的游戏。家中的积蓄虽有盈余，但再大的家业也经不住“赌博”二字的折腾。渐渐地，夏之时的生活重心转移到了赌场，每天装满一提包的钞票跑出去，傍晚便提溜着空空瘪瘪的钱袋子回来。输了钱，夏之时的脾气便越来越坏，常常发火不说，还总是无理取闹地找妻子的麻烦。

见董竹君没空亲自侍候他吃饭，夏之时便发火训人，见衣服有些许不干净或是箱子里拿出来的衣服多了一点褶皱，他又借机高声训骂。

面对夏之时如此恶劣的兴趣和情绪，董竹君总是忍让妥协，她很少与他计较，甚至特别在正房对面造了三间书房，希望夏之时能多买新书阅读，以便重新拾起当年的志趣。

但，夏之时一次又一次令董竹君失望。书房里片纸未见，只有大量的书画和古董充盈其中；身怀六甲的日子里，丈夫竟然因为妻子正忙于收衣无法陪同他打牌而拿起花架子上的自鸣钟迎面摔了过去。

“叫你来打牌，怎么不马上就过来？这么不识抬举！作为妇人，丈夫要你做什么，你就应该马上做什么！”陌生人一般的责骂，让董竹君不寒而栗，向来看重独立和自尊的她怎堪这般侮辱？

泪如雨下，董竹君对眼前的男人失望到了极点，她拖着笨重的身子跑回房间，拿起皮包向院外走去，但府上的用人蔡大娘苦口婆心的劝解却让她停下了脚步。

“太太呀，你看在小姐的面上，快些回去吧！您都快要生第三个孩子了，要是路上有什么闪失，那可怎么办？”

作为女人，董竹君觉得自己对肚子里和身边已然成长的孩子们负有不可推卸的责任，她忍受不了丈夫对自己的侮辱，更忍受不了那种远离幼子的蚀骨思念。

于她而言，看着自己的孩子们无依无靠远比忍受夏之时的侮辱难过得多。她想给孩子一个温馨的家，不希望她们如同当年那些被人抛弃在街头巷口的弃婴一般，无人疼爱，无人关怀。

但是，就在她打算通过忍辱负重营造这个家庭应有的和睦的时候，身为孩子们父亲的夏之时对孩子生死的冷漠却让她看清楚了这个男人革命外表下的封建意识。

在医疗技术条件十分低下的年代里，小姑娘的身体在疾病和伤痛的双重作用下常常显得脆弱不堪。但作为母亲，董竹君明白此时女儿们的看护和保养比什么都重要。

国琼出痧症，国璋患腿疾，国瑛摔倒后昏迷，孩子成长过程中，董竹君被一桩桩突如其来的疾病惹得泪流满面，心力交瘁。看着孩子们一个个面黄肌瘦，病痛难忍，董竹君急得暗自掉泪，日夜思索该如何处理。

然而，就在这些关乎生命的关键时刻里，夏之时却不以为意。作为孩子的父亲，他不但不走近孩子身边，尽些父亲应有的关心和爱护，相反他认为董竹君为了让女儿们康复，全然抛开家务，从不料理的行为十分不符合封建礼教关于妇道的要求和规范。

儿子大明出生时，夏家举家欢腾，女儿们生病时，夏之时却从未过问，如此巨大的差别，仿佛那些女孩们幼小的生命从来都与他没有瓜葛一般。

从进入夏家大门开始，董竹君便知道这个家族封建礼教的浓厚，下人们也无意中说起过当年老太太因为喜欢儿子而亲手将第二个女儿淹死的残忍过往，听闻终归是听闻，董竹君不敢也不愿去相信。但她无论如何也想不到，这样“重男轻女”的丑陋观念竟会在自己这位曾经留过洋的丈夫身上重演。

这是对男权的盲从，也是对生命的漠视。它不但让董竹君的女儿们备受冷落，更让无数身份卑微的姑娘们受尽凌辱。正如夏之时大哥房里的丫鬟佩琼一样，多少善良纯洁的少女被自以为“了不得”的男人们玩弄、欺负，始乱终弃。

看着曾经伶俐的丫鬟被所谓的“正人君子”摆弄得如此凄惨，董竹君无法袖手旁观。眼看夏冕昭身边的女人们虎视眈眈地要把这个姑娘和她肚子里无辜的孩子一同送进地狱，董竹君赶忙联系人，于第三天半夜用预先安排好的小轿偷偷将佩琼带到了成都，并留在身边悉心照顾。

到她十月怀胎将孩子顺利生下后，董竹君也并未将她赶走，相反看她孤苦伶仃，董竹君决心帮她找回自己的家。经多方打听，董竹君找到重庆城里那家十八年前丢了女儿的家庭，并将佩琼送去相认。

当真相还原，佩琼父女含泪向她作揖叩头时，董竹君的内心感慨万千。

看着佩琼，董竹君除了看到那个世道里女人地位的低下外，也看到了封建家庭里仆人如奴隶般的待遇。佩琼的遭遇是悲惨的，从小被人拐卖，长大又受人凌辱，生死不由自己不说，还要逆来顺受，连做人最起码的尊严和权利都没有。

回顾过往苦难的童年，董竹君对佩琼和她身边姐妹们有一种特别的心疼，她痛恨陈规陋习，痛恨黑暗社会下的剥削与虐待，她虽然也是女子，但更是一个独立的人。

她不愿妥协，更不愿成为封建压迫下的屈服者，她要提倡女权，要让千千万万个像佩琼一样的女人站起来，并用自己的双手掌握自己的命运。

命运虽然残酷，但懂得与它做斗争才能自强不息，这是董竹君在过往的苦难中得到的关于解脱枷锁的心得体会，更是她悟出的实现人格独立的唯一出路。她警醒着，坚持着，时刻用这样的心态提醒自己：奋勇向前，永不低头，唯有如此，人生才能在苦难中绽放出属于自己的艳丽，散发出迷人的芬芳。

升级：冰冻三尺非一日之寒

人的思想意识，总是和他们的生活环境紧密相关，虽然跨越社会阶层的默契并不少见，但随着时间推移，那些潜伏在意识深处的、关于价值观的差异还是会以裂痕的方式瓦解曾经的感情和信义。

于是，在那场声势浩大的思想解放运动席卷了辽阔的中华大地后，董竹君与夏之时的默契开始以一种愈演愈烈的方式在看似平和的家宅里决裂开来。

像今天一样，刚刚起步的民国传媒也会对当下发生的国内外大事进行铺天盖地的报道。尽管五四运动发生在遥远的北京，但不过几天的工夫，远方的四川便可通过报纸和书籍看到北京青年们如何为国家和人民而斗争的描述。

而这些，正是董竹君最浓郁的兴趣所在。看着这些青年人抨击旧礼教，传播新思想，董竹君的心中异常兴奋，因为在她看来，这些学生们的义举和自己内心关于民主和自由的渴望是不谋而合的。

一时间，各地出版的新书、报纸、杂志蜂拥而至，董竹君如饥似渴地吮吸着书籍文献中的营养，不知疲倦，乐在其中。

为了更及时地看到相关报道，董竹君定期前往祠堂街旁一家新开的书店订购报纸杂志。由于买书的关系，董竹君与这个书店的主人成了好友，并从他那里获赠了许多孩子们的书籍。

《小朋友》《歌谣》、漂亮精致的洋画片、朗朗上口的儿歌图谱，每当董竹君从书店回家，她总会招呼孩子们到自己身边来听故事、看图书。从小，董竹君就是一个喜欢学习、珍惜知识的人，长大了，她自然也非常希望孩子能多读书，多识字。

在她看来，新思想就像新服饰一样，虽然看上去异于周围的人，但用这些东西修饰自己的外貌和心灵，却是时代潮流向前发展的必然趋势。

但是这些，她从来都不敢告诉夏之时。

蝴蝶结、连衣裙，白衬衫、西洋装，吃西餐、读新书。在别人的眼里，夏家的洋派作风做作虚伪，但在董竹君的眼里，她所主张的这些只不过是与时俱进而已。

女儿们还小，不能到洋学堂上学，董竹君便请先生来家里教学，为了启发孩子们读书的兴趣，董竹君专门布置了一间用于上课的读书室。

一张长书桌，半圆形的三级梯形，红、白、黄蜡纸剪成的绸条装饰，墙上五彩斑斓的地图和干净整洁的黑板。董竹君就像布置自己的闺房一样，悉心而认真地为孩子们创造出最好的学习环境。

为了让孩子们养成写笔记的习惯，董竹君给国瑛、国琇两个女儿的日记本画上了一只五彩的花篮，孩子们收到这样的礼物，除了异常高兴外，更用自己的聪明和勤奋，给予母亲最珍贵的回报。

“白桃落下微风起，红梅开后燕子飞。”看着窗外的景色，六岁的国瑛写出了令老师和家人倍感惊奇的诗句。看着孩子们如此茁壮地成长，董竹君的内心高兴而欣慰。

然而，和这些闪烁着阳光一样的孩子相比，董竹君却在丈夫的身上看不见任何朝气；相反，一股接近腐烂的气息正在他身上蔓延开来。

除了赌博，夏之时还染上了吸食鸦片的陋习。无论是在野的军政人士，还是寻常的大烟鬼，只要与其臭味相投，夏之时便总能与他们厮混得不亦乐乎。

打牌赌钱、吸烟鬼混，封建社会里各种龌龊不堪的陋习此时竟全都集中在夏之时的身上。看着自己的丈夫在魔鬼的深渊里越陷越深，董竹君自然没有袖手旁观的道理。着急难过之余，她苦口婆心地劝解夏之时远离赌博，戒掉鸦片，但夏之时的反应令人寒心。

“滚！就算我把这房子都吸掉了，那也不是花你娘家的钱。”一句话，董竹君如同被扔到冰窖一般，连动弹的力气都没有了。

在夏之时众多的“烟友”中，最有名的莫过于回川探亲的戴季陶。看着丈夫不听自己的劝解，董竹君特地拜访了戴季陶，希望他回上海后能多买些新出版的书刊给丈夫，因此帮助这个消沉依旧的旧人接受新思想的洗礼。

然而，这个政治上失意，同样意志消沉的人却与夏之时意气相投。就这样，董竹君“救夫”的愿望落空了，夏之时则在消沉的道路上越走越远，再难回头。

每天，董竹君悉心照料着丈夫与孩子们的起居和家里的所有事项，除了伙食烹调、栽花种竹这些日常的活计，外头的交际应酬，阖府的账目统筹都由她一人担当。夏之时呢，却理所当然地不管不顾，冷嘲热讽，心情不好还会无理取闹，大声斥责。

看到董竹君专心研究新书中的思想，抽着鸦片的夏之时都会不耐烦地反对妻子的爱好："你就喜欢看这些新书，看了又有什么用？你是妇道人家，好好把家务管好就行，过问外边那些事情没什么用！"

董竹君起床稍微有些晚了，还躺在床上睡懒觉的夏之时便大声咒骂妻子的"懒惰"："你去看看，这成都城里哪家的当家人天亮还不起来！"

五卅惨案发生不久，董竹君受到民族情绪的感染，不愿让外国人感到中国人懦弱，便让法国医生不用麻药为自己刮沙眼。疼痛难以忍受，但她的内心却异常坚定，毕竟，作为一个中国人，她没有在法国医生的面前丢了民族的脸面。但夏之时对她的做法嗤之以鼻，并笑道："区区一个女人，非要争这口气干什么？"

除了对董竹君如此粗暴，夏之时的跋扈与蛮横更体现在他对董竹君父母的态度上。

出于孝顺，日子好过了的董竹君将父母从上海接到成都一同生活。看着曾经面黄肌瘦的老人在自己的悉心照料下慢慢健康起来，董竹君的心中自然异常高兴。但夏之时的猜忌和凶悍让他们一家三口饱受折磨。

作为女婿，夏之时让岳父为自己熬鸦片不说，还不分青红皂白地诬陷董竹君的父亲偷了烟土。董竹君从旁劝说，老人含泪解释，但夏之时依旧固执己见地认为这两父女是联合起来一起整他。

又有一次，董竹君母亲因为遗失了那支省吃俭用才得来的簪子而哭泣时，夏之时站在正房花院里怒气冲天地叫仆人将自己的岳母捆绑起来，理由竟是她的哭泣惹得自己心神不宁，很是不悦。

看着丈夫的暴虐变本加厉，看着自己的父母无端忍受如此的闲气，董竹君气得发抖，内心憋了一口气，打算与夏之时大吵一顿，但对这个家庭仅存的一丝责任感让她再一次选择了忍气吞声。

为了息事宁人起见，她含泪劝说母亲不要哭泣，母亲听着女儿的安慰，慢慢将头抬起来，眼眶里满是方才伤心的泪水。她看了看董竹君，又摸了摸自己的发髻，最后用手擦擦眼睛，才一边抽泣一边强迫自己停住了哭泣。

董竹君看着母亲受此委屈，内心不甘而气愤。唯一心爱的金簪子丢失，董竹君自然知道母亲内心的苦楚，但她更不愿意因为用夏家的钱给母亲重买一支簪子而使他们一辈子都抬不起头来。

除了每月必需的两三元生活费，董竹君又为双亲各自制作了一套寿衣。之后的几年里，勤劳善良的董氏夫妇便再也没拿夏家的一分一毫。

用短暂的眼光看，董氏夫妇似乎吃了很大的亏，但长久而言，这样的自食其力为日后董竹君与双亲的独立打下了良好的基础。此时，董竹君和丈夫之间的裂痕越来越明显，董竹君内心对独立的渴望也越来越强烈。

就这样，这个女人开始在创业的范畴里跃跃欲试，而一个关于女人创业的神话也开始在这样不幸的婚姻里萌生出了最初的嫩绿。

立业：男权天空下的一抹红霞

在一个被腐朽笼罩的时代里，先于他人觉醒的人并不一定能得到理解和赞同，因为这些人的眼界和视野早已超越了短浅，看到的事物则是被现实的乌烟瘴气隐去形态的真相和道理。

正如夏之时那几个官场朋友的太太们一样，在她们给董竹君起名为“夏心慌”的时候，这些沉浸于麻雀牌和嚼舌根的女人却没有想过，这个从不参与其中的女人心中所想其实是另外一番大事。

似乎是官太太们特有的属性，只要三两人聚在一起便会开始讲穿着，聊八卦。大好的时光里，她们不是谈哪个姨太太被老爷遗弃，就是鄙视某个丫头又被收房做了姨太太，不是羡慕哪个女人被男人宠爱有加，就是咒骂哪个女人不要脸面地四处勾搭。

这些谈资，听起来与太太们所处的阶级确实相去甚远，但同为女人，这种对妇女的践踏却丝毫没有激起她们的怜悯和感慨。而这正是董竹君最痛心疾首的地方。

每一次，当董竹君被这样的乌烟瘴气笼罩的时候，她总想用自己的力量帮身边的中国女性从无边的悲惨苦难中解脱出来。

年少的时候，堂子里的生活让她看到了女性的卑微，到日本后，明治维新大正年间新教育的思潮和影响让她开始对女权一词有了初步的了解，五四运动后，报刊与书籍里关于女权和女子职业的问题更让她看到了在这个以男子为中心的中国社会里女子独立自主的希望。

她深知，女子没有经济上的独立就没有自尊可言，女子不自食其力更没有女权可言，在看清了官太太们“隔岸观火”的丑恶嘴脸后，董竹君收起了原先与她们协作的天真想法，转而开始盘算通过自己的努力开办一个女子织袜厂，以此改变四川闭塞的风气。

为了能从家中拿出织袜厂的创办资金，董竹君思前想后还是决定向夏之时开口。长久的相处里，董竹君深知此时的夏之时早已不对“女权”主义一类的革新思想抱有兴趣，所以，要说服他拿出第一笔钱来，自然不能以女子独立为名。

于是，董竹君和丈夫“耍”了个小心思，只告诉他创办织袜厂是为了增加家庭收入，别的诸如为女子提供就业机会之类的话则一概不提。夏之时烟瘾本来就大，听到董竹君创办织袜厂能给自己赚钱，便爽快地答应了。

民国十三年，董竹君将院子里原来的马厩和猪圈改成厂房，然后谢绝了一切无聊的官场应酬，开始专心致志地在自己创办的“富祥女子织袜厂”里忙碌起来。

织袜厂的门市部就设在附近的东胜街，厂里聘请了两位有经验的男师傅教女工们干活，附近的贫苦人家听说有这样一处给女子提供就业岗位的地方，纷纷来这里就业。

董竹君看着这些积极向独立迈进的姑娘们，心中感慨之余，对她们更是呵护有加。除了平日里关于活计的指导，董竹君还常常就女子的独立与自由给予姑娘们关怀备至的叮嘱。

她告诉她们，女孩子也要好好努力，学会了本事自己才能在经济上独立，才能有自己的钱可花，才能不被人随便欺侮。女孩子们也在董竹君的教导下，明白了妇女只有有了职业，才能有自己的尊严，才能真正在男女平等的氛围里过得自由，过得自在。

虽然董竹君创办的女子织袜厂只是家庭作坊式的，但在当时的成都却算得上是创举。当时有国民党人来夏家做客，看到董竹君这个织袜厂，不禁竖起拇指大声赞扬，说夏家前面琅琅读书声，后面一片织机声，的确是一个朝气蓬勃的文明家庭。

董竹君听在耳里，心里却暗自轻叹："倘若没有这其中夹杂着的烟盘边的雀牌声，那该多好。"

看着织袜厂慢慢步入正轨，董竹君开始萌生了创办黄包车公司的念头。

成都虽不算大都市，但那时这里也开设了几家黄包车公司。这些公司租价高，条件苛刻，很多车夫一天拉来的钱都不够交车租。联想到幼年时父亲拉黄包车也受尽高租的折磨，董竹君首先想到的关于黄包车公司的管理方案就是：低价出租。

1926 年，董竹君在少城桂花巷租的房子里挂上了"飞鹰黄包车公司"的招牌，自己担任主管，父母则从旁协助经营。虽然天气寒冷，冰天雪地，但董竹君起早睡晚，从不懈怠。

每天，天刚蒙蒙亮她就起床跑到公司去，然后站在板凳上给黄包车夫们做指导。她告诉他们如何才能出汗后不受凉，也告诉他们，如何对待顾客才算有礼，从车身的整洁到如何吸引顾客，董竹君用无微不至的关怀将细节注入原本粗犷的车夫兄弟的心里。

和别家公司相比，飞鹰公司除了车租低，还有很多充满人文关怀的制度和措施。修理费与制服费统一由公司报销，车夫得病、负伤统一由公司负担医药费，付不出车租的车夫可以免付或分期付清……这些制度，在为飞鹰公司迎来良好声誉的同时，也使它一跃成为成都城里最受车夫欢迎的黄包车公司。

车夫门都愿意租拉飞鹰公司的车子，公司规定的各项规章制度他们也自觉遵守。上下一心的场面，让飞鹰公司迅速发展，董竹君的生活也因为这两家公司的壮大而越发的忙碌。

但就算如此，她仍然没有抛弃家中繁忙的事务。家中清洁、三餐厨务、登记田户账册，人客来往，外出应酬，甚至连小辈们临睡前刷拍衣履和周末洗澡她也亲自参与，借以示范。

家里井井有条，事业蒸蒸日上，董竹君的辛勤劳动换来了良好的结果。只可惜，丈夫的堕落已到了无药可救的边缘，在他的眼里，只有糜烂的吞云吐雾和虚无缥缈的“东山再起”的幻想能引起他的兴趣，其他的诸如创业和读书都已经不是他关心的事情了。

“现在社会形势发生了变化，你与其策划东山再起，不如多创办些社会事业，要是你真的做了个社会事业家，在任何政治局面下，都能立足。”

在董竹君看来，那些无聊的政客之所以会来夏家拜访夏之时，除了尊敬他是辛亥革命元老的身份外，其实都是为了借他的力量图谋出路。她认真地劝说夏之时行动起来，创办实业，避免坐吃山空，但夏之时的无所谓和家中那些守旧者的不以为然让她彻底看清了这群人不劳而获的面目和本质。

思想在剥离，行动在分裂，董竹君渐渐地感觉到自己与丈夫之间的鸿沟越来越难以逾越。当年的相逢与其说是缘分，不如说是志同道合的吸引，如今，与他做了十几年的夫妻，貌合神离的日子也开始向破碎的边缘延伸。

从这个角度上讲，分离的结局，其实从踏进夏家那个封建宅院开始就已经注定了。

第五章

告别－不堪回首忆当年

沉重：真相伸出了魔鬼的利爪

1925 年，在董竹君的生命里并没有多少灾难发生，但一个远在千里之外的人的死讯却让她又一次陷入沉重的伤感和迷茫中。而这个人，正是当时的精神巨人孙中山。

1921 年，中国共产党成立，经过三年的发展，这个时刻与无产阶级站在一起的政党成为孙中山改组国民党后，“联俄、联共、扶助农工”三大政策的重要合作者。

虽然三大政策出台后，国民党内部左右派分化明显，但主张贯彻三大政策与共产党合作进行反帝反封建革命的左派占了上风，因此国共第一次合作仍然得以进行。

但是，一年后，孙中山先生在北京不幸逝世，看似良好的合作局面便被国民党的右派势力搞得惨不忍睹。三大政策被抛弃，反革命政变成了屠杀的代名词，原本声势浩大、节节胜利的北伐就此失败，第一次国共合作无疾而终。

四一二大屠杀血流成河，三一八惨案尸横遍地，帝国主义更是纠结于北伐短暂的胜利，借口保护侨民命令军舰炮击南京。短短的一年，全国上下流血牺牲的共产党人不计其数，为民请愿而惨遭毒手的学生与进步人士数不胜数，在战火中无辜丧命的民众更是成千上万。

偏安一隅的四川，虽然没有在政变与战火中有太大的波动，但看到报刊上登载的相关新闻，董竹君的内心却并不平静。

与政坛上叱咤风云的男人们相比，这个“窝”在家里办实业的女人显然没有多少谈论国家大事的资本，但作为心系国家和人民的民众和进步人士，董竹君忧心忡忡的情绪却理所当然、无可厚非。

自蒋介石违背孙中山先生的三大政策后，中国就陷入了长久的明争暗斗中，人们除了受帝国主义的凌辱欺负，还要忍受军阀地主们的压榨和蹂躏。民不聊生的局面比当年董竹君在堂子里见到的情形有过之而无不及。

董竹君看着中国局势朝着危险的边缘滑落，内心惶恐不已，夏之时却痴心妄想地认为蒋政权已巩固，实现三民主义和自己东山再起的时机到了。

为了“光复”自己的事业，夏之时打算去南京、上海等地了解新政府的情况，董竹君虽不赞同夏之时不切实际的政治幻想，但想到夏之时在四川这个闭塞的地方无法接收最新的思想，便支持了他的行程安排，希望外面的新潮流能将他从腐朽枯萎的现实生活中解脱出来。

于是，带着董竹君整理安排好的行李，夏之时踏上了前往江南的路程。董竹君则带着家小，继续在家中经营夏家和自己手上的产业。

这段时间里，织袜厂和黄包车公司生意十分顺畅，家中因夏之时的暂时离开也清平安静了许多。但最令她记忆犹新的还是自己因为好打抱不平的名声在外，而完成了她人生中的第一次关于共产党人的营救。

那天，一位在中学任国语教师的老太太到夏家拜访董竹君，这位老人才一进客厅便深深向董竹君鞠了一躬。董竹君不明所以，但在交谈中，她知道了这个老人原来是为自己的儿子文兴哲来的。

老人口中叫文兴哲的男子今年十八岁，是来访者文老太太的遗腹子，是师范大学的在校学生。年初，四川省一中因学生不满反共分子杨延铨接任校长而引发了规模较大的学潮，学校负责人不分青红皂白，说闹事者是共产党，并让军警抓捕学生以示警戒。这个行为引起学生公愤，群情激愤下，杨延铨被殴打致死，川军军阀便以此为由大肆逮捕学生予以枪决。这个事件就是当时在四川境内引起轩然大波的“二一六”事件。

事件发生时，文兴哲正好在被捕学生的行列里，城防司令枪决罪犯时，见他年龄最小，或许还能有些用处，便临时改了枪决的决定，改为监禁。六个月后，见审讯无果，城防军又将其改为取保释放，但因没有人敢出面作保，所以这纸释放的条令最后只能沦为一纸空文。

讲到这里，文老太太又含着泪起身向董竹君鞠了一躬。董竹君听完这番话心中本就难过，再加上她对无辜牺牲的爱国青年的痛惜和尊敬，因此，在将老人搀扶起来的时候，她内心关于帮助营救的决心就已经定了下来。

她打听了一番，知道城防司令长官是平日里常来家中做客的蓝静之，心中更是多了几分镇定。这个人虽然也是官僚人士，但见董竹君治家有方，还能办企业，与一般官太太不同，心中对她还是留有几分尊敬的。于是趁着丈夫不在家、阻力较小的空当里，她直接邀请了蓝静之和他的好友向育仁，借机提出了营救文兴哲的请求。

闲聊了几句，董竹君便以温柔而严肃的态度开口："二位是丈夫的好友，今日请二位来主要有件事想请两位帮忙。前不久师范学校枪杀学生的事情我听说了，其中没有被伤害的小孩文兴哲，是他母亲的遗腹子，也是家中独子，昨天，他的母亲到我府上，希望我能帮忙求情。二位也知道，他家不容易，母亲又是依靠教书将他养大，所以还请二位……"

话没说完，这两人立刻便有了回答："这件事情，只要大嫂做担保那就没什么问题了。"说完向育仁还指着蓝静之补充了一句："你抓紧把这学生放了吧。"董竹君听得他们这么说，内心关于营救是否成功的大石，一下便稳稳地落了下来。

就这样，文兴哲在董竹君的担保下，顺利地被从城防监狱释放了出来。董竹君见他年龄还小，又怕他住在外面不安全，便将他安排在自己家里居住了一年有余。

这期间，文兴哲常常和董竹君谈论共产主义，他的表姐萧友王和友王的未婚夫何尔玉，也经常来董竹君这里谈论国事，或慷慨激昂，或忧心忡忡。这些新鲜的言论让董竹君对共产主义有了更多的认识，并开始对之前信奉的三民主义产生了怀疑。

在新旧两种思想的冲击下，董竹君内心关于共产主义和国民生活的思考越发强烈。平日里，夏之时的朋友诸如向育仁、蓝静之等国民党人常常都会抨击共产党的主张，认为他们说的都是歪门邪道的理论。但通过日常的了解和文兴哲的讲解，董竹君发现这个和工人、农民以及广大贫苦群众站在一起的爱国政党并不像他们说的那么不堪。

相反，倒是国民党内部争权夺利、钩心斗角、腐化堕落的行为让她开始对这个曾经先进的集体产生了怀疑。北伐战争的胜利就在眼前，国民党却半途而废转而将枪指向同为中国人的共产党，帝国主义没有赶走，封建军阀恶势力没有推翻，政党之间的争斗却又开始烽烟四起。

如此混乱的局势下，国家怎能独立，民族怎能富强，老百姓的穷苦日子又怎能有尽头？国家落到这样的地步，着实让人伤心，丈夫不肯听劝导，执意在错误的道路上行走，这更令人痛心。

董竹君静静地看着窗外那深沉的夜色，内心的苦痛和悲凉在远离了白天的喧嚣后，越发摄人心魄，深入骨髓。而一个关于离开四川的决定就在这样的惴惴不安中诞生了。

彷徨：风雨来临前的飘摇

经济是一种相互关联的关系，它取决于经营者的才智，更取决于所处的环境。对于董竹君的织袜厂和飞鹰黄包车公司来说，企业家的经营能力自然毋庸置疑，但企业生存的政治和经济环境成了一颗随时可能爆发的定时炸弹。

1929 年，四川的局势在以往的基础上又添了几分紊乱的气息。抛开川军军阀欺压人民，逮捕进步人士的行为不说，这些官老爷还私自设立造币厂，把真银的银圆改铸成货币，导致纸币贬值、百业萧条，人心惶惶。

正常的经营轨道里，生性独立的董竹君自然不会被经营的风险吓住，那种牵系众多劳工利益的责任感会让她越挫越勇，坚持不懈。但是，面对军阀毫无章法的经济破坏，董竹君退让了。

她的退让不是因为恐惧，更不是因为懦弱，相反她的退让正是为了更好地维护劳工们的利益和公司参与者的权益，因此，与其耗尽精力陪这些军阀老爷要无赖，还不如将手上已有的利益转化为固定资产，如此，才能更好地维护现有资产，并在时机成熟的时候从头再来。

于是，经过深思熟虑，董竹君忍痛关闭了织袜厂和黄包车公司，并将所有的资金都购置了田地。

为了离开这个混乱的城市，也为了给孩子们提供更好的教育环境和机会，董竹君将全部财产的账簿和折子契约及现款二千五百元交给夏之时的六弟夏有文保管后，怀揣四百元，带着父母和四个女儿启程从四川前往上海。

没了黄包车公司，董竹君的双亲趁机回上海探亲，夏之时的大儿子夏述禹和未婚妻张映书及其姐姐张钟惠又要去上海考大学，国琼要去报考音乐专科学校，文兴哲打算经上海去法国留学，这一路，董竹君一行人员众多，目的各异，但有一点是相同的，那就是，他们都在为自己内心的美好梦想奋斗着，而这正是董竹君心中最愿意看到的景象。

经过长途跋涉，董竹君一行终于在1929年春到达了上海。那时候，夏之时带着大侄女国君住在法租界西门路，董竹君一到目的地，便也一同到那里与丈夫会合。

才进门，夏之时便显出满脸的不高兴。没有询问不说，夫妻尚未叙旧，夏之时便反问董竹君带了一大帮人到上海做什么。

董竹君将事情的经过说给夏之时听，夏之时听完，脸上的不高兴并未消退；相反，他满脸的不耐烦让董竹君觉得这里居住的仿佛不是自己的丈夫，而是一个恶毒而陌生的房东。

大约是上海的清闲日子过得太过逍遥，夏之时为了逃避这群从乡下来的“乌合之众”，第二天便与同样为大烟鬼的大侄女国君商议到杭州去。

不几天，国君便闯进董竹君的房间，蛮横地将三十块钱丢在五斗柜上板着脸说：“我和二伯要去杭州，这些钱留下给你们开伙食。”

看着国君的口气突反常态，董竹君吃惊而气愤。她本想找夏之时问个明白，但这个男人早已坐上车前往杭州而去。董竹君无奈地叹了口气，望着车子远去的模样，心中暗自祈祷丈夫在杭州能将几日来的不愉悦散尽，也希望在他回来的时候两人的关系能有所缓和。

这种冷漠的局面并没有随时间的推移而有所缓解，相反，夏之时从杭州玩乐回来之后，他和董竹君的矛盾越发明显。日常生活里的小事倒也算了，但关于董竹君离开四川时做的几个决定，夫妻之间的分歧不可调和，彼此之间的冲突也愈演愈烈。

他先对董竹君撮合国琼和文兴哲的玩笑耿耿于怀，尽管董竹君耐心地解释那样的说法只是玩笑不必当真，夏之时仍旧不依不饶，不肯原谅。不满的怒火在心中翻腾，夏之时见董竹君并未有太大的反应，便转而将周围这几人相关的事情一一拆开，逐条理论，仿佛董竹君的做法没有一样能符合他的心思。

关于黄包车公司、织袜厂的倒闭，夏之时最是“愤慨”，他认为这些厂都是可以赚钱的，关门倒闭后把钱购置成田地不知道被董竹君侵吞了多少。

董竹君有口难辩，心中虽然清白如明镜，但手上没有凭证无法辩驳，想到这儿，她干脆让六弟夏有文从四川写信过来以资证明。

谁知，夏之时非但不相信自己弟弟的亲笔书信，反倒以此为借口，将董竹君资助六弟的事情批判得体无完肤、片甲不留。在他看来，夏家已经分了家，作为二少爷他没有义务给自己六弟夏有文的婚事提供费用。

除此之外，他觉得董竹君对别人的“慷慨”也没有必要，诸如资助大儿子的未婚妻去上大学，资助文兴哲去法国留学等，都是董竹君多管闲事，自添累赘。

除了对董竹君帮助“外人”有意见，夏之时连董竹君将钱花在自己女儿身上也觉得过分。国琼考上海音乐专科学校，夏之时非但不支持，反而要求董竹君将女儿读书的事情停下来。

“这么多人在外面念书得花掉家里多少钱？你生的这几个都是女孩子，女孩子们念那么多书干吗？花这些钱还不如让她们早点嫁出去算了。你自己不就是十几岁就出嫁的吗？女孩子迟早都是别人家的人，你这样做，反倒让她们不安分了，你不是在害她们吗？”

说完，他要求董竹君带着所有人立刻返回四川，还要求董竹君从今往后不许再与任何人来往。董竹君听着他满嘴胡言，心中气愤之余，不由得生出与他分开的念想。

多年来，董竹君一直忍气吞声，委曲求全，她总是天真地认为作为妻子，她可以用感情感化自己的丈夫，以此让他转变，依然成为国家的栋梁之材。

但是，现实终究没有想象的完美，夏之时非但不接受自己的忠告，反而提出各种各样不近情理、莫名其妙的苛刻条件。甚至连亲生女儿的教育都要推三阻四，斤斤计较，如此夫妻，如此家庭，即便再用心维护又能有什么实质的变化呢？

好友的规劝在耳边萦绕，董竹君看在朋友的面子上决定做最后一次让步。她告诉夏之时，自己可以回四川，但身为人父，他必须答应把到了年龄的大孩子留在上海念书。

夏之时见董竹君有了让步的迹象，原先的跋扈稍稍收敛，董竹君以为夏之时真的答应了自己的请求，便遵守承诺开始为回川的行程做准备，但当她真的踏上回乡旅程的时候，又一次的言而无信让她对这个男人曾经抱有的希望彻底泯灭。

她意识到，一场真正的决裂，势在必行了！

决绝：乌云中透出光亮

妥协是一种让步，有时它能缓和剑拔弩张的气氛，但有时它却给了欺软怕硬之人得寸进尺的理由。董竹君不是个懦夫，但为了孩子和家庭的完整，她可以息事宁人、忍气吞声。但是，就算她将所有的苦痛都埋在心里尽全力配合夏之时的各种要求，这个所谓的丈夫却并不能体会其中的苦心。

就在她准备暂时回川的时候，一封信的到来让夏之时再一次变本加厉地找董竹君的麻烦。

那是一封来自国琼女儿的钢琴老师张景卿的信，这个朝气蓬勃的青年在去法国留学的途中经过香港，在船上给董竹君写来一封信，信中除了日常寒暄与对船遇风浪的描述外，更多的是表达对董竹君的感谢和问候。

然而，就是这些平淡无奇的朋友间的叙话却被夏之时看成了暗中来往的“罪证”。他大发雷霆，满口责骂，指责董竹君已然答应他不与任何人来往，可暗地里却仍旧与他人互通信件。

董竹君听着夏之时的发难，心中的委屈更加厉害，她无奈地反驳道：“我才答应你，几天的工夫拍电报阻拦别人与我来往也来不及啊，更何况是已经在路上的邮件。”

但夏之时根本不相信妻子这合理的解释，相反，他把信扣起来，然后以此为据，天天吵闹。董竹君看着丈夫无理取闹到这步田地，心中气愤不已，便趁他不备进书房将信撕得粉碎。谁知，这样的举动却招来了夏之时更加疯狂的报复。

夏之时发现信没有后，以为是孩子们贪玩所致，便跑下楼穷凶极恶地朝几个弱小的姑娘吼叫、咒骂，董竹君看着孩子们被他吓得躲在亭子间里不敢出声，生怕她们挨打，便站到他与孩子之间，应声说：“你抽屉里那封信是我拿的，跟孩子们无关，你不要怪她们。”

这样的承认，无疑给了夏之时更理直气壮的发火理由，他握紧拳头，手背上青筋暴突：“好大的胆子，竟敢偷拿我的信，还敢大声说出来！”

董竹君觉得自己并没有多大的错误，便不再理会夏之时，只带着孩子离开亭子，到房间里整理衣箱，谁知夏之时竟穷追不舍。

看着丈夫如此纠缠，董竹君不得不讲道理同他讲到底：“你最好看看信封上收件人的名字是谁，看完了再说谁偷了谁的信。”可是，她话未说完，夏之时就被她的反驳激起怒火。

他厉声喊了句“什么？”，然后朝董竹君冲了过来，二话没说便抬起脚上锃亮的黄色长筒马靴，狠狠地踢向董竹君的胸前。董竹君只觉得一阵剧痛，接着身子便瘫软无力地倒在了地上。

强烈的疼痛在胸前萦绕，董竹君的头开始有了眩晕的感觉，她知道自己体力敌不过他，便忍痛爬起来，转身往楼下跑。然而，夏之时却未就此罢休。他顺势将床上的衣箱拿起，跑到楼梯口，用尽全身力气将整个箱子向前方的董竹君掷去。

董竹君跑得快，箱子并未打中，夏之时一下更是气愤。他顺着董竹君奔跑的方向追赶，经过厨房时夏之时拎起菜刀，冲着董竹君的方向砍了过去，董竹君闪躲过了一刀，赶紧跑到弄堂里。

夏之时拿着刀仍在后面紧追不舍，眼看一场流血冲突不可避免，董竹君奔跑着，内心却开始感到绝望，好在，正是此时，夏之时的侄子夏迺庚与夏大猷赶了过来，两个年轻人迎面将夏之时拦了下来，董竹君的性命才在一瞬间转危为安。

之前，夏之时的辱骂并不少，但如果把它看成是曾经的英雄下野后的郁郁寡欢，董竹君还能尽力说服自己，用耐心和温柔去顺应丈夫的脾气，但是，今日，夏之时的暴打与追杀却早已不是政治上的失意那么简单了。

或许他早就不把董竹君当妻子，或许在他的眼里董竹君就是一个他花钱养着的处理家务的用人，不然，哪个真心热爱自己妻子的男人会将对方的生命视为草芥，即便亲手了结也无甚可惜。

面对这样的丈夫，董竹君自然是不会再存怜悯之心了。十几年来，她做出的牺牲已然不少，但这个男人的变本加厉毫无扭转的势头。作为妻子，她会尽力挽回曾经的幸福，但当这样的幸福没有了任何希望和可能的时候，离去便成了最好的选择。

没有遗憾，没有留恋，董竹君带着孩子毅然地离开了夏家的大门，乘车前往表兄张燮荣家里暂避风浪。孩子们不知道董竹君内心的痛苦，但知道母亲被踢得青一块紫一块的肯定很疼。看着母亲愁眉不展，孩子们哭了，看着孩子们哭了，董竹君的眉头更是难以舒展。

经过这场风波，董竹君下定决心与夏之时离婚，多年来积压在心中的怨愤已不能再容忍，背道而驰的人生观、价值观让他们之间的鸿沟越来越明显。

规劝她回家的人络绎不绝，电话自然也一个接一个，但董竹君找不到任何回去的理由和意义。无论是回去做那个辛辛苦苦操持着没有希望的家庭的主妇，还是回去做个衣食无忧、不思上进的富贵太太都不是董竹君的理想所在，因为她知道，这样的生活除了会牺牲儿女和自己的前途外，更会让自己为国为民的思想成为泡影。

为了孩子，为了生活，为了自己长久的理想和信念，董竹君果断拒绝了劝说者的好意，并正式提出了离婚诉求。但夏之时因为无法忍受“离婚”的丢脸，仍旧不依不饶地找中间人来劝说。

但这些伎俩并不能让董竹君收回离婚的决心，于是，夏之时又开始采用时而硬、时而软的态度和方法来说服她带孩子返回四川。

有一天，夏之时邀请董竹君到法国公园去谈话。在把孩子们支到草地上玩耍后，夏之时便带着冷笑，镇定地开口道：“竹君，你应该想自己是什么样的出身，我们又是在怎样艰难的情况下结婚的。

“我们是一对患难夫妻，你还记得那时你用烟头重新卷好烟卷让我过瘾的事吗？还有，你来到夏家，家庭里的亲友看不起你，你没有地位，也没有朋友，是我的支持才让亲友们抬举你。像我这样的地位，哪个没有一两个姨太太，可是我却遵守一夫一妻制，没有辜负对你的感情。”

“在四川，能恪守一夫一妻制的家庭有多少，做一个家庭主妇还能掌权的女人，又有多少？手上的金饭碗你不要，偏偏要带着孩子出外讨饭，走投无路了你不得带着孩子们跳黄浦江？”

“十几年的夫妻都过来了，孩子也有五个了，那么多的患难都经历了，我待你如旧，这一点你应该明白。你这么固执，闹出那么大的事件，以后就不能再住在成都了，你还是听我的，和孩子们搬去合江去居住好了。”

董竹君静静地听着夏之时的“劝说”，冷笑一声，认真地反驳道：“我没做错，为什么不能再住在成都，难道我提出离婚就大逆不道了？”

夏之时自知理亏，无法回答董竹君的问话，便转移话题，避重就轻地拣起其他话题继续往下说：“大观田后面的风景很漂亮，原本我就想在那里建一幢房子，这样咱们老了也可以到那里享享清福，你看这多好，你仔细想想，还是回家的好。”

董竹君听着夏之时的话，心中泛不起半点涟漪，只安静地坐着，一言不发。日落西沉，新月初上，看着天边闪着微弱光亮的月亮，董竹君的内心竟进一步坚定了。

是啊，尽管西边的太阳还在强烈地照耀着，但夜晚的来临势不可当，即便是残缺的明月也毅然地爬上天边，丝毫不畏惧这尚且耀眼的阳光，也丝毫不因为自己残缺的形状而自卑。

而这不正和自己此时的处境相同吗？夏之时还在眷恋过往，但是已然形同陌路的两颗心又怎么可能继续走在一起呢？自己的身份虽然低微，但内心的执着和勇气并不因此而退减，就像这残缺的新月一般，它的升起注定与坚毅为伍。

夏之时有些等不及，径直询问董竹君道："你到底说不说话？我的话，你听懂了吗？"

董竹君深吸了一口气，内心的回答在抬头的那刻起，不再犹豫："你看错我了，我不是贪图物质生活的人。你方才说的，我能明白，但是我的内心你不懂。"

"这么多年了，我的良苦用心和委曲求全你都视而不见，我为你的生活起居费心，为你的前途担惊受怕，我们的家庭看起来富丽堂皇，但内在的颓废和萧条不容忽视。为了维持它，我劳心费力，可你除了手上的烟杆和麻将，别的统统无动于衷。"

"你已经不是当年的夏之时，我们相爱时那个朝气蓬勃的、意气风发的你早就被烟枪里冒出来的烟雾吞噬了。你陷在泥潭里不能自拔，却一意孤行、自以为是。"

"我那么地爱你，可我得到了什么？人前，你夫人长、夫人短地称呼，人后却把我当丫头、奴隶一般对待。就算你是真的爱我，但这种'爱'不是平等互敬的。"

"你学过新文化，应该知道爱情与友情绝对不能建筑在恐惧和不平等之上的道理，这样的生活，对你来说可能还有快感，但对我来说没有任何的意义。”

“你确实在家人面前支持了我，也确实不像其他军阀那样玩弄女人、三妻四妾，我也是看着这一点才忍气吞声、息事宁人，倘若不是如此，以我的性子，早就离开你了。”

“但是，你昨天把事情做绝了，你就算向我赔礼道歉、磕头赔罪，我也再不会回心转意了。你的爱，我接受不了，没有共同语言的生活，大家都过不下去。为四个孩子的前途，也为了我心里的理想，我今后要走自己的路了！”

一段话说完，夏之时被震得无言以对。他没想到这个女人竟然如此决绝，更没有想到自己所说的恩惠会被她一下拆得七零八落。他恼羞成怒，原先装扮良好的耐心的表象在激动之下被撕得粉碎。

他站起身来，大声斥责董竹君：“敬酒不吃吃罚酒！你不听自己家里人话，却受外人诱惑蒙蔽！”

董竹君却平静异常：“如今你还这么想，我也无话可说了。”

就这样，一场不欢而散的谈话在夜幕中结束，夏之时气愤地扬长而去，董竹君则从草地上叫回孩子，默默无言地回了住所。

前方，一道微光从天空中显露出来，董竹君的嘴角不自觉地向上扬了扬。暮色黑暗而沉重，但董竹君的内心感到了前所未有的恬淡，因为她知道，自己向前的方向并没有错。

恶毒：爱恨仅有一线之隔

戏剧里常有人说“因爱生恨”，这样一句话在舞台上通常能成为推动剧情发展的重要桥段，让观众的情绪得以调动和感染，但回到现实中，硬生生将曾经的爱放入刻骨仇恨的磨里碾压并最终付诸行动的人又能有多少。

情感是内心的抒发，曾经真挚的爱在被恨意取代的那一刻起，不仅是对过往付出的否定，更是对爱情的亵渎。因此，只有那些不珍惜曾经的付出，或是心如铁石的人才会不念旧情将对方逼入绝境。

不幸的是，夏之时便是这样的角色。

在董竹君的坚持下，夏之时同意了为期五年的分居，这样的分离对于夏之时来说可能是缓兵之计，但对于董竹君来说，是实实在在的逃离。

分居前，董竹君与夏之时立下了“赌约”，看各自坚持的道路哪一条能走到最后。五年后，当对方再次见面时，彼此对理想和前途的信心皆比先前笃定了许多。

辣裴德路辣裴坊的“沧州别墅”里，阔别了五年的董竹君和夏之时又一次见了面。这对早已形同陌路的夫妻，即便长久不见也不再有思念，更不用说讲出彼此关怀的寒暄。

夏之时直入主题，冷嘲热讽里透着的威胁并没有让董竹君感到意外。他冷冷道：“你父亲的病那么重，你要是答应回四川，我保证立刻拿出钱来给他治病，否则就算他病死我也半点都不管。”

董竹君冷冷地看了他一眼，觉得眼前这个人在自私自利的道路上越走越远，甚至已经到了无话可说的地步。

她心中暗暗叹了一口气，抬眼望着他傲慢的神色，回道：“咱们还是正式把婚离了的好，否则我不回四川，你就找不到人侍候，带着这样的婚约，你在家人面前也不好交代。”夏之时见董竹君在时过境迁后仍然坚持离婚的主张，心中想说服她的想法顿时打消了。

五年前，在董竹君和夏之时的最后一次谈话里，夏之时软硬兼施，从曾经的意想不到的相识，到二人在日本的艰苦岁月，从离婚后生活的艰难，到世俗眼光的咒骂，夏之时将所有他能想到的词语和方法都运用到那一场谈话中，董竹君却并没有丝毫退让的意思。

那时，他还在想这个女人这么倔强，让她过上几天苦日子，不出几天，她定然会狼狈不堪地回过头来。但是，到今天，这样的考验已经过了五年，那些他认为足够让董竹君后悔的日日夜夜，并没有成为她心中信念的羁绊。

他气愤，但更无奈，他告诉自己，这个女人只是家中料理杂务的角色，没了她，以自己的资本照样能找到同样的女人来代替她。

想到这儿，夏之时突然觉得放手也是维护自己大男子尊严的好法子。他冷笑一声，摇了摇头，仪式性地询问董竹君还有什么要求。

董竹君却并没有狮子大开口。于她而言，夏之时只是孩子的父亲，他所应该尽到的职责是给孩子足够的抚养费，其他的诸如生活的费用她都能通过自己的自食其力达到。

就这样，这场分居了五年后关于离婚的谈话在彼此同意的情况下，达成了一致。过了几天，夏之时和董竹君便在律师李伯申的办理下，结束了这桩长达十九年的婚姻。

当李伯申律师依照规程询问董竹君有什么需求的时候，董竹君的独立和自尊自爱让这位在上海看惯了繁华与奢靡的大律师感到吃惊。

他没有想到，一个女人竟然能如此毅然决然地“净身出户”，更没有想到，这个女人竟然没有狠狠地敲夏家一笔，以此作为自己多年青春的补偿和今后生活的保障。

在别墅谈话那天，夏之时虽然知道了董竹君不要任何财产的意思，但当这一切落成白纸黑字的时候，他仍旧掩饰不住内心的激动，他走到董竹君身边，紧紧握着她的手感慨道：“今天我才知道你的人格竟然如此独立！”

董竹君却并未因为眼前这个男人的动情而悸动，她太了解这个人了，他所谓的感激无非是基于他的所得没有被人侵占而已。她笑道：“你如今才晓得我的人格，只不过，你这样激动，只是因为我和孩子们不分你的财产罢了，倘若我今天伸手朝你要一分钱，你恐怕就不是这副模样了。”

夏之时被董竹君一语中的的评价弄得哑口无言，董竹君却感到前所未有的轻松。此时的她，思想和情感已经与这个堕落于时代末尾的男人彻底决裂了，如今她的眼前是一条与时俱进的人生道路，她断然不会再回到那种看似富贵荣华却痛不欲生的生活中去了，因为前方的路显然光彩亮丽了许多。

离婚，听上去是件痛苦的事情，但在董竹君的生命里是一种解脱。当众致谢后，她就像一只逃出牢笼的小鸟，在碧蓝的空中自由翱翔，其间的心情就算世间最美妙的词汇也无法表达出来，因为那是一种站直身子的舒展，更是一种突破重围的欢欣。

然而，令董竹君意想不到的是，就是这样一份被法律保护着的快乐，却能在夏之时的背信弃义下，演变成为最骇人听闻的陷害。

如果说夏之时没有汇款给孩子们做应有的抚养费还是董竹君意料之内的事情的话，那夏之时对于自己的陷害却是这个女人无论如何也不敢想象的。离婚了，恩断义绝，但这并不意味着形同陌路的妻子的生命就如同草芥，可肆意践踏，又可随意陷害。

回到四川，夏之时抛弃了在上海温文尔雅的面孔，立刻以夏之时的名义将正式驱逐董竹君出门的消息广而告之，而后他又电告戴季陶、李伯申、谢持等人说董竹君兴办企业期间隐匿款项、卷款潜逃，并叮嘱他们“勿予接济”，同时，他还请南京政府设法逮捕、惩办共产党员文兴哲、张景卿等人。

作为丈夫，夏之时的背信弃义是对曾经的妻子最大的不忠；作为男人，夏之时在以卑劣的手段对待董竹君的时候，他同样践踏了女性的尊严；作为父亲，他以断绝孩子补给的方式达到自己威胁的目的，他侮辱了父爱这种原本至高无上的情感。

面对这样一个男人，董竹君的心是绝望的，她不知道那个曾经信任的男人为什么会变成如今这副模样，但与此同时，董竹君的内心又是庆幸的，因为好在她及时发现了这样的变化并果断做出了了结，否则自己后半生的日子将如何痛不欲生确是难以想象的。

所幸，身边看清楚夏之时的人不止董竹君一人，那几位南京的朋友虽然接到了夏之时的信电，但思量再三后并没有依照夏之时的要求，对董竹君做出过分的举动。

相反，戴季陶将董竹君约去南京后，将夏之时的信件亲手交给了她。戴季陶的夫人纽有恒看到董竹君如此的遭遇，心中顿生怜悯。她询问董竹君今后的打算，并建议她加入国民党，以此找到靠山，好在上海滩立足。

但董竹君并没有答应。她感谢戴季陶夫妇没有按夏之时的拜托将她关押起来，也感谢他们为自己出了这样的主意，但是立场与主张的不同让她不得不拒绝了这二人的邀请。

早在四川，董竹君就感到了国民党的变化，用她自己的话讲，这个时候的国民党早已失去了先前的活力和为国为民的立场，她若再加入，那自己从小就立志为穷苦百姓谋幸福的理想只怕会更难实现。

思量再三，董竹君终于找到了推托的借口。她告诉戴季陶夫妇，自己不懂政治，所以不便加入。戴季陶夫妇见董竹君这话说得实在，也知道她是真心不想参与到政治的世界里，便也没再强求，只点了点头，便送董竹君离开了南京返回上海。

不久后，夏之时又给董竹君发来了一封让她啼笑皆非的信件，信中就董竹君隐藏款项一事说得头头是道，仿若真实。董竹君却在内心给了这封信最坚决的否定。

过后的几年，董竹君和夏之时再无信件往来，彼此的消息也在战火纷飞的岁月里再无听闻。董竹君在日后的生活里经历了常人难以想象的艰难，但无论多苦多累，她也从未再从这个男人身上拿过一分钱。

1932年，一·二八事变发生，董竹君因为政治关系的缘故曾被捕入狱。当一切事情都解释清楚，董竹君得到了应有的释放后，销声匿迹了许久的夏之时却再一次耍出了自己栽赃陷害的伎俩。

他对四川军长范绍曾说董竹君是共产党员，希望他邀请董竹君去杭州游玩并把她推入湖中淹死。范绍曾信以为真找来杨虎商量，杨虎在与董竹君的交往中知道董竹君的为人，因此对夏之时的一派胡言毫不在意，董竹君的性命就这样在友人的信任中得到了保全。

这件事发生后十七年，全国解放，身为人民企业家的董竹君无意间从女儿国瑛的口中得知了其中的原委。她叹了一口气，心中对夏之时的无奈溢于言表。

时间往往是最好的证明，当年，董竹君与夏之时分道扬镳时，彼此对心中理念的固执难分胜负，但当时间的坐标定格到多年后，从前悬而未决的疑问一目了然地有了自己的答案。

或许，正如杨虎给国瑛讲述这段往事时说的一样：“你的母亲聪明能干，值得所有人尊敬，但你的父亲实在太过糊涂了。”

第六章

重来－新曲难吟志满怀

窘迫：娜拉出走的代价

对于一个长期被禁锢的人来说，自由就是一件奢侈品，想要获得心中向往的自由，囚笼中的人就必须为它付出代价。这种代价可能是经济上的窘迫，也可能是脸面上的尴尬，可能是饥饿的威胁，也可能是思想上的迷茫。

作为民国为数不多的离婚女性，董竹君的出走在当时的影响程度几乎可以用“轰动”来形容，但这样轰轰烈烈的行为背后她所付出的代价包含了上述的所有困窘。

从上海到日本，从日本到四川再到上海，这段闭环一样的路程共同构成了董竹君三十多岁的人生历程。在从上海逃出去的时候，董竹君曾经发誓自己再也不会回到这个充满苦难的城市，但未曾想到，多年后的她重新回到上海，竟又是这样一副贫穷的模样。

挣脱了夏之时的束缚后，董竹君就将全副身心投入到对孩子的培养中去。为了让孩子吃饱饭，上好学，一时找不到工作的董竹君不得不将自己的衣着和身上的首饰拿到典当行典当。

那时，上海从事典当行业的店铺分为两种，大的叫当铺，小的叫押头店。和押头店相比，当铺的本钱多、信誉也好很多，但是当价太低却让穷人们更偏向于选择期限短、信誉差的押头店。尽管所有人都知道到押头店里当的东西期满后赎不出来就要被硬生生地“死当”掉，那不菲的价格还是让人难以拒绝。

董竹君不是个没有理智的人，按照她对事物的判断能力，当铺自然是她理性上更倾向的选择，但面对现实的窘迫，她不得不和其他穷人一样被迫将自己生活的延续寄托在那些押头店老板的身上。

在日本，董竹君因为生活的窘迫也曾经去过当铺，但是和身处异乡不同，在街坊四邻的目光中进入当铺着实让人尴尬万分。十里洋场的上海，穷苦人并不在少数，当这些穷人看着熟人进当铺的时候，眼神中并不会有太多的嘲讽和鄙视；相反，感同身受的境遇让他们对当事人更多了一份同情和怜悯。

然而，正是这种同情和怜悯让董竹君感到伤怀和难过。她不是厌恶别人的好意，更没有看不起周围同她一样贫穷的人，在她的内心，她更“看不起”的其实是自己。

所谓读书明理，当董竹君的阅读为她打开了另外一扇窗的时候，她的内心早已和庸碌无为的普通人有所不同了。和他们相比，她更独立，更想用自己的努力换回属于自己的自尊。

在她的意识里，自己虽然出身贫穷，却并非天生就注定要受苦。

为了这个信念，她可以拼尽全力，为了这个信念，她可以比别人付出更多的努力。曾经，她靠自己的信念创办了属于自己的企业，如今她却被生活无奈地打回原形。

经历如此的落差，谁又能不同她一样心生哀怨呢？

然而，令人欣慰的是，董竹君虽然心境不顺，但终究不像夏之时一样一蹶不振。典当的时候，她的自尊心忍受着煎熬，但她并没有以此为借口消沉下去。

相反，生活的困难让她重新审视理想的实现途径，而她也在这样的审视中发现了真理的足迹，并以此为支撑，积极地面对人生的苦难与挑战。

年幼的时候，董竹君对外国人的痛恨源自父亲在法租界被巡捕无休止地打骂和侮辱，而后，她因为清政府对洋人奴颜婢膝而痛恨那个黑暗的朝代。辛亥革命爆发，她撑着革命的翅膀，幻想革命党人能把帝国主义势力赶出中国，让国家从此富强、独立，但当她看到军阀们专横无德、横征暴敛的行径后，她又开始对曾经信仰的三民主义产生了怀疑。

思想在矛盾中煎熬，理想的出路在风云变幻中找不到实现的方向。她痛苦、彷徨，直到中国出现了一个新的政党，她才开始找到了圆梦的可能。

文兴哲、张景卿，这些人虽然同之前的革命志士一样是进步人士，但他们的立场和主张截然不同。他们为国为民，以群众为基础，以工农为依托，他们不在乎个人的名与利，更在乎千千万万贫苦的劳动人民是否生活得安康。

他们憎恶社会规则的不公平，希望自由民主的阳光洒满大街小巷；他们厌恶男尊女卑的封建教义，认为女人并不是男人的附庸，而是同样拥有生活和革命的权利的群体；他们反感当局政府对百姓的一味蒙骗，觉得公开透明的政治环境对中国摆脱列强欺辱和蒙昧落后有着不可替代的重要作用；他们憎恨封建礼教对年轻人的荼毒和残害，提倡用新思想作为反抗的武器，为了唤醒同时代的新青年们，他们甘愿牺牲自己，就算充当青年人前进路上的铺路石，他们也在所不惜，绝不推辞。

而这样的主张和理念恰恰与董竹君之前期待的不谋而合。

在音乐教师张景卿的介绍下，董竹君开始接触更多的共产党人，如郑德音和蒲振声。一见如故的交谈让董竹君找到了久违的志同道合的感觉。她详细地将自己的身世和与夏之时相遇、结婚、离婚的经过告诉了他们，又把自己想给百姓和社会多做点好事的想法表达了出来。

朋友们在同情她凄苦遭遇的同时，更对她奋发图强、自力更生的决心和毅力大加赞赏。《玩偶之家》里，易卜生笔下的娜拉在看清楚自己丈夫的嘴脸后愤然离开，她的出走是妇女从男权社会下解放出来的宣言和誓词。董竹君脱离那个金玉其外败絮其中的家庭的壮举，又何尝不和娜拉一样具有划时代的意义和影响呢？

小说里，娜拉的出走没有下文，但董竹君的未来真真实实地摆在她的面前。她不能迷失了方向，更不能逃避。能走出夏家的大门，这是董竹君争取自由的第一步，接下来如何过好自己的生活，才是娜拉式出走最重要的命题。

为了让董竹君能有更多的智慧解决这个命题，进步的朋友们用书籍做明灯。《妇人与社会》《家庭私有制和国家的起源》《历史唯物论》《爱与死之角逐》……这些精神食粮，在让董竹君明白共产主义的理想和信念时，更让她拥有了更多的勇气去战胜前方的磨难。

过去，她一直在思考：社会为何会有贫富差距，穷人和富人为什么不能过一样的生活；如今，书籍在给了她这个问题答案的同时，更给了她改造这种现象的途径和方法。如同暗夜里的行船看到灯塔一般，董竹君的兴奋无以言表，激动与兴奋充溢全身。

虽然，第一次入党申请因为大革命失败后的反共浪潮而未能如愿，但董竹君并未因此停下脚步。

接见她的同志被捕了，她痛心疾首；给她指引的同志生活困难到了极致，她给予帮助。为了让党组织能获得更好的经济支持，她开始兴办实业，她虽然不知道自己属于哪个组织，但她知道自己正朝着组织需要的方向而去。

因为，就在她将共产主义的理念写入内心深处的时候，那种充溢全身的归属感与信赖感，早已让她成为共产主义旗帜下最忠贞不贰的追随者之一。

自强：男人能做的女人也可以

对于很多人来说，经商是一件极具难度的事情，因为从货物筹办到商品销售，任何一个环节没有做好都可能血本无归。然而，对于董竹君来说，经商却好像天生的求生本能一般，不论是在锦衣玉食里经营还是在困苦中挣扎，这个看似弱小的女人总能在波澜起伏的生意场中找到属于自己的一席之地。

像其他进当铺的女人一样，董竹君身边的积蓄并没有很多，但为了筹谋生活的出路，也为了给革命筹集资金，董竹君还是决心要开办一间属于自己的纱管厂。

当时，中国的纱管大部分产自日本，国内能制作的厂商并不多见。日货虽然质量好，但进价贵，成本高，所以董竹君觉得倘若自己的工厂生产出来的产品质量上能赶上日货，价格较便宜的优势一定能为工厂创出良好的市场空间。如此一来，工厂有收益，中国人也拥有了抵制日货的资本。

她将自己的想法说给二叔听，二叔觉得她的想法不错，便在安排孩子到学校寄读后，开始了资金的统筹。董竹君翻开箱子，将之前那串从四川带到上海的珍珠项链连同其他值钱的东西变卖了八百块，二叔则四面托人，到处拜访。最后，经过一番努力，董竹君终于筹到了开厂的资金四千多元，在上海闸北台家桥创办了群益纱管厂。

在离开夏家一年后，董竹君终于有了自己的实业，但与上次办厂不同，董竹君虽然是上海人，人头却并不比在成都时熟识更多，除了几个同样贫苦的亲戚，上海地界上的社会人士董竹君几乎一个都不认识。再加上厂子没有名气，工人们在数量和质量上都没有办法与当时在成都时相比，因此，除了生产上的事情需要管理，董竹君还承担了厂子里几乎全部的行政工作。

进货、生产，推销、算账，下车间检查，督办工人质量，外出与人洽谈……每天，董竹君的生活被这些事务填得满满当当，深夜回到家，她还要料理家务，为孩子添做或缝补衣裳。

从小，董竹君就是个能吃苦的孩子，与自尊心上忍受的屈辱相比，精神和身体上的劳累，并不能让她有所退缩。然而，就算她再努力，再辛劳，发不出工资的困窘还是让她焦急难耐。

资金周转不灵，工厂创办初期，工人的工资总是难以按时支付，工头又欺负她是外行，肆意挑拨工人与她之间的关系，打算渔翁得利。不得已，董竹君采用了工头也是老板、彼此合作的办法，工头才不再作怪，认真负责起来。工人们见董竹君不像别的老板那么苛刻，便更加努力地工作，以此获得更好的利润。

工人的问题解决了，资金的威胁仍然存在。没有经济支援，产品也没有着落，董竹君看上去平静无常，内心却因为害怕工厂的倒闭而惴惴不安。为了得到现金，董竹君只好将产品低价推销给中间商五金字号，但长此以往，工厂的隐患并不能排除。

此时，戴季陶前来看望，见董竹君确实需要帮助，便好心转给她一千元添作资本，而后写了一封介绍信，让董竹君到著名的无锡纱厂荣德生那里直接推销。

董竹君见到如此的希望，不顾身上三十八度的高烧便径直搭了三等火车到达无锡。可惜，这样好名气的工厂并不做慈善事业，荣德生阔气的办公室里红木家具、地毯一应俱全，在他那里微不足道的订单，或许就能救董竹君的厂子于水火之中，但不是所有的资本家都和董竹君一样怀抱救国救民的理想的。

“虽然是小型工厂生产的产品，但质量还是不错的，不过——你还是先把样品放在这里吧，等我们商量好了，再告诉你结果。”答复如此简单，董竹君的心却随着他话语里的语气和态度从希冀落到失望。她明白，荣德生出于戴季陶的介绍信对她的产品做出了赞扬，但让他的厂子下订单给自己，这几乎是不可能的事情。

这样的结局让董竹君简直要哭泣出来，她顾不上与他寒暄告别，强忍着伤感拿了皮包转身离开。那一刻，她无比沮丧，因为连在中国数得上名号的纺织厂都不能帮助自己，她的指望还能放到何处？

然而就在此时，一个意想不到的转机却出现了。

那时，董竹君带着孩子们在法租界麦色尔蒂罗路三德坊的两间亭子间住下。这间房子的房东庄希泉是福建人，却也是进步人士。董竹君移居到这里后，白天去厂里干活，晚上回来若时间充裕，便同他谈论时事政治与革命理论。

通过庄希泉，董竹君认识了更多的共产党员，同时还认识了由马尼拉来上海游玩的好几位华侨，这其中包括林朝聘、陈清泉、卢玉质等人。这些华侨是菲律宾马尼拉香烟厂和菲律宾达窝省麻厂的股东或经理，虽然只来上海几天，但与董竹君都一见如故。他们开朗、直爽、封建意识较少，因此对董竹君这种女子办厂的行动十分地崇敬和佩服。

董竹君带他们到自己的群益纱管厂参观，他们在目睹了董竹君的努力的同时，对工厂的规模和产品的质量都感到惊讶。

见董竹君说资金上出现困难，他们便鼓励董竹君到南洋招股扩厂，董竹君看到国内没有希望，觉得朋友们的建议甚是有理，便于1931 年春乘荷兰爪哇轮船公司的航船前往菲律宾马尼拉招募股款。

功夫不负有心人，在董竹君的努力下，一个月后，她终于募得近一万元的股资，回来后，不但有效地解决了厂子的资金问题，还把旧厂从原来的小型工厂扩大成占地四亩、职工三百人的中型工厂。

到九一八事变爆发前期，董竹君的群益纱管厂已经在上海小有名气，除了产品的质量有口皆碑外，工厂对工人们的待遇和尊敬也是街头巷尾交口称赞的。

事业上有了起色，董竹君重新将视野投入公共事业上。那时，全国范围内关于九一八事变的游行一浪高过一浪，面对同胞的死亡，董竹君感到非常气愤，她走上街头，与女儿们一起对日本帝国主义的暴行做出抗议。

除了参加九一八事变的示威游行外，她还和郑沙梅、谢韵心两位共产党员合作，创办了《戏剧与音乐》杂志。

动乱的年代里，想要为国家和人民做些事情实在困难，但即便压力重重，董竹君仍然坚持不懈。只是，战火弥漫终难幸免，杂志创刊号刚刚印发，一·二八事件的爆发却让刚刚有起色的群益纱管厂和董竹君陷入了一场前所未有的恐惧和黑暗中。

被捕：屈辱有时也是荣誉金牌

磨难，总喜欢反反复复地考验人们的意志。年少时时常幻想，翻越了沙丘便能看到无边的湖水，长大后却发现，当你千辛万苦地翻过一个沙丘后，站在山头看到的却很可能是一个又一个连绵不断的沙丘。

悲伤不可抑制，绝望也会触景而生，但路还要继续往下走，所以唯一的选择，便是继续向前。

对于董竹君来说，生活的打击就是这一个又一个的沙丘，连绵不断，接踵而至。两年前，她为工厂的资金和产品的销路而四处奔波，两年后当工厂的情况稍微好转的时候，一场飞来横祸却让她重新站在了苦难的边缘。

工厂被炸毁，“拆白党”的诬陷铺天盖地，悲痛和不安同时袭来，董竹君站在工厂的废墟上沉默了许久后，内心重燃的斗志最终战胜了绝望和恐惧。她告诉自己，为了家人、为了理想她必须重新站起来；否则，一蹶不振所带来的只能是更加彻底的毁灭和消亡。

就这样，在好友陈清泉先生的建议下，她踏上了前往厦门寻求希望和机会的旅程。但一场讲给中学生听的关于个人经历和抗日救国理想的演讲，却让她落进了当局的巡捕房。

来势汹汹的巡捕冲进董竹君的房间，四处翻找所谓的罪证无果后，将目光落在了董竹君的书籍和宣传品上："就冲你看这些书就足以证明你是个反动分子。"

董竹君却理直气壮道："这些书在市面上人人能买，为什么看这些书就是反动分子？"巡捕被她的反问逼得哑口无言，他冷笑一声后像疯狗一样径直将董竹君拉走。

董竹君本能地反抗，巡捕却给了她两记耳光，并威胁他交出所谓的共产党"党羽"。董竹君拒不承认，巡捕便又改了一副伪善的嘴脸向她做起了"人情"："你家里有钢琴，有皮大衣，看起来也不像共产党。这样吧，你拿出两千元来，我就和他们一同把你的书和宣传品烧掉。"

董竹君哪里不知道这些人贪图钱财的花花肠子，她冷笑一声，回道："大衣是旧的，钢琴是租的，我身上没钱，你们想怎样便怎样好了。"

董竹君的坚决让巡捕的"好人"做不下去，他尝试着把价钱降低到六百块，甚至说开支票也行，但董竹君恨透了这帮唯利是图的小人，硬是一分钱也不给。巡捕恼羞成怒，一把将她从家中拉了出来，径直带到了法租界的巡捕房。

莫须有的审讯从此便开始，拷问者一厢情愿地认为董竹君这个"共产党"定然知道同伙的躲藏地点，但董竹君的"嘴硬"却让他们的拷问一次又一次地落空。

原本，董竹君做好了受刑的准备，但因为当时政府内部局势的混乱，对政治犯的“放宽尺度”让董竹君幸运地避免了巡捕的横施暴戾。但无尽的恶言谩骂和侮辱也让她感到了这个人间地狱的阴森和恐怖。

每天，董竹君按号声起床、睡觉，进餐的次数也从三次降到了两次。上午只是一碗如白水一样的粥，下午只有两个玉米面窝窝头，偶尔有一碗糙米饭或者黑面馒头便是天大的恩赐。除了开水，其他的诸如衣物、用具什么的一概不提供，即便是写信让家里捎来也同样不行。

天气严寒，衣被单薄，董竹君生怕自己会被冻生病了，只好沿着墙边悄悄地小跑，既让身体有所活动，又可以增加身体的温度以此抗寒。

每天深夜，董竹君所在“号子”的门口总会响起手铐、脚镣上铁链在地板上摩擦的声音。虽然不知道外面发生了什么事情，押解进来的人又是犯了什么事情，但这样的事情让董竹君和室友们感觉到外面的局势并不太平。

何时是个头，无人知晓，眼下的生活必须继续下去却是毋庸置疑的命题。只要活着，就一定有希望，所以，捺着性子将监狱里的生活过下去才是最根本的办法。

多年未与家中联系，董竹君的衣服早已破烂不堪，同号的人们不甘心物资上的匮乏而引发内心的绝望，便开始互相供给零星布片给对方补衣裳，以此寻找精神的寄托。

狱友见董竹君的背心实在破旧得补不上了，便从包袱里拿出一件白绸旧背心递给董竹君，董竹君接过衣服，内心的感谢无以言表。如此简单的物件，让她不禁想起幼年时那件母亲花积蓄给她买回来的背心，虽然事隔多年，但这两件背心在艰苦的岁月里同样弥足珍贵。

好在，天下的乌鸦倒也不是一般黑，在董竹君居住的牢房里，一个好心的安南巡捕常常提醒董竹君要按时吃饭，并在她一度想要绝食的时候嘱咐她要吃饱饭，勇敢地活下去。听到他的话，董竹君心里异常地温暖。在这样的一个不见天日的地方，还有一个人为自己着想，并劝说自己要保重身体，如此雪中送炭的行为怎么可能不让人热泪盈眶呢?

除了政治犯，董竹君的牢房里还关押着其他罪行的人，妓女、小偷、鸦片仔、赌徒等。七八个人挤在窄小的木台上，三四条脏臭无比的被子搭在众人的身上，每两个星期，大家在一口大水缸里混洗一阵，剩下的时间便是在无边的黑暗里等待明日的来临。

偶尔一两次的出外放风，便是天大的恩赐，短暂的空隙里董竹君不仅能看到蓝天白云，还能在阳光下晒掉长久阴暗潮湿所致的发霉味道。

每当看守人打开铁栅让其间的人外出时，被关押者便抓紧难得的机会说话透气，董竹君同情同一间牢房里的非政治犯，同她们也相处得极为融洽。

同是天涯沦落人，不管来这里的人因为何种“罪”，相逢何必曾相识。在这个时候能有人相互照应，即便只有只言片语的讲述也足以慰藉受伤的心。

到了第四天，国琼才被准许为母亲送饭菜。看着母亲不堪的模样，国琼不由得泪流满面。“妈妈，外头的律师已经聘请好了，是小张先生带我去找的陈志皋律师，今后我可能没办法再来送菜，所以你多吃一些。”

为了安慰女儿，董竹君将孩子送来的饭菜全部吃完。女儿见母亲如此，内心更是悲伤：“妈妈，你一定要保重好自己的身体，家里的事情还有我呢，你就放心吧。”董竹君含泪点头，心中的愧疚与感动一涌而出。

接下来的日子里，董竹君再也没在牢房见过自己的女儿。思念在心中缠绕，她是多么渴望立刻就能飞出这禁锢，飞到女儿们和父母的身边，但这重重围困，又岂是她一个弱女子所能为的。

留得青山在，不怕没柴烧，董竹君信奉着这句话，耐心而坚强地等待在牢房里，期盼律师的营救。董竹君偶尔可以让安南巡捕传递纸条给女儿国琼，正是因为这样的消息通达，陈律师以董竹君案情严重为由向国琼敲诈三千块的事情才得以让她本人知晓。

好在女儿年纪虽小，却并不是容易受骗的人，她聪明能干，用“若母亲被枪毙了，我和妹妹们便去跳黄浦江！”的话语径直回绝了陈律师。董竹君听完安南巡捕的陈述，在对陈志皋个人品质大吃一惊的同时，更对女儿的懂事感到欣慰。

在知晓陈志皋靠不住的情况下，董竹君嘱咐女儿重新寻找律师，国琼受母亲指点，找到了时任上海法院院长的俞承修律师。

俞律师十分卖力地为董竹君做担保，但案件的审理结果不容乐观。一天夜里，安南巡捕偷偷地告诉董竹君，她的案子很可能要判五年。

董竹君听到这个结果，本能地考虑到了自己硬拼的结果对革命、对家人无益，便听从了安南巡捕的意见，开始寻找内线，开展活动。在花费了两千八百元后，董竹君终于在辗转迁移到薛华立路的大监狱里收到了开庭的传票。

生怕俞承修律师收集到的材料不全，才开庭，董竹君就滔滔不绝地先行讲述了一番，以此为俞承修律师提供最充足的佐证。果然，俞律师在听完董竹君的辩词之后，开始了全面而详细的辩护。在金钱和道理的双重驳斥下，董竹君政治犯的罪名最终未能成立。

休庭后几天，董竹君改判为“政治嫌疑犯”取保释放。四个多月的牢狱生活后，董竹君终于获得了属于自己的自由。这四个月，她忍受了政府最污秽的辱骂，也感受到执法者欲望的贪婪。

有人说，爱国是渗透到血液里的热情。这句话用在董竹君的身上实在恰如其分。虽然前所未有的牢狱之灾让她遭受了磨难，但她对祖国和人民的一片赤诚并没有因此而消亡。

关于善恶因果，中国人一直信奉“善有善报，恶有恶报”的循环规则，董竹君的心里同样如此认为。这是个黑暗的时代，当局的丑恶嘴脸在监狱里暴露无遗，虽然自己只是民国万千百姓中的一个，但被冰冷包裹的心在最深处依然跳动着关于革命的火焰。

身体不能自由地出入监狱内外，外界的消息也不能及时传递进来，但董竹君仍然积极地在稀有的消息中寻找自己关心的国民大事，并因它喜而喜，因它忧而忧。有些狱友是因为从事革命活动而被抓进监狱，董竹君就趁此机会与他们谈话，将彼此心中关于革命的理想做了交流。

原本的牢狱之苦让革命者痛苦不堪，但见到董竹君这样真心向往革命的劳苦大众充满期待，他们竟重新找到了继续下去的理由和动力。在与狱友们的交流下，董竹君更加知道了革命的艰难，表面上虽默默不语，内心关于未来的想法和理念却明镜一样的清晰。

如此的经历下，她越发感觉到这个国家的腐朽和黑暗，而她也因此更加笃信：唯有共产主义才能改变这个国家的现状，也唯有共产主义才能真正让中国走向富强和独立。

教育：爱的极致体现

在中国的传统观念里，严父慈母似乎是最合适的教育搭档。这样的教育模式下，孩子既能在严厉的规约里避免世俗恶习的沾染，也能在母亲的慈爱中成长为具有良知和爱心的人才。

而对于董竹君的四个女儿来讲，关于她们成长的教育则是在董竹君严厉和慈爱的模式转换下完成的。

为了办厂，董竹君将孩子们送进教会学校以此接受良好的教育，然而，接受西方先进的教学不代表全盘接受西化的思想和理念。类似迷信、帝国主义思想等都是董竹君时刻提防的有害思想。

为了让孩子们能够不受影响，董竹君利用一切可以和孩子们共处的时间向她们传递先进的共产主义思想和与人为善的价值观。在她看来，孩子们是飘扬在空中的洁白无瑕的风筝，而自己则是握着绳子，掌握风筝方向的人。

除了自己阅读，董竹君还常常购买一些符合孩子们年龄段和知识水平的进步作品给她们阅读，对黄色书籍一类的有害文本则退避三舍。

每逢节假日，董竹君在做了一桌子菜给孩子们改善生活的同时，也会通过各种各样反映人性真善美的故事和道理，为孩子们送上最珍贵的精神盛宴。即使有时因为工作需要而出门一两天，董竹君也会在火车上向女儿们写下一两封信，以此保证教导的不间断。

孩子们在母亲的谆谆教导和悉心叮嘱中树立了勤劳的观念，也开始明白什么是善良热诚、什么是先人后己、什么是大公无私。

作为女性，董竹君深切地感受到她所在的社会女权的没落和女性地位的底下，她奋斗挣扎地让自己从火坑中逃离出来，最终的目的也是能够成为一个独立、自由的女性生活在这世间。因此，对于女性自立这方面的内容董竹君向孩子们表达的自然不会少。

她告诉她们，女子也可以读书识字，也可以自强不息，倘若自己努力后能以一技之长取得自己应有的经济独立，那么自身的价值和地位也会有所提升，那些长期在女人头上作威作福的男人才会对自己刮目相看。

出生在清朝末年，董竹君尝尽了鸦片战争后国家沦为半殖民地半封建社会所带来的苦难。她问孩子们，看到外滩公园大门外那个“华人与狗不得入内”的牌子心里是什么感受。孩子们稚嫩的语言虽然不能拼凑出革命的理论，但那种强烈地将帝国主义打倒的感情溢于言表。

作为母亲，董竹君很高兴看到孩子们爱国情愫的爆发，作为中国人，下一代的坚强的意志和勇敢的精神让她感到前所未有的欣慰。

为帮助孩子们建立更为崇高的世界观，董竹君用尽量多的形式给孩子们传授最先进的思想。有一次，鲁迅先生在上海环龙路做暑期演讲，董竹君便兴奋地带着四个女孩儿前往聆听这场题为“上海文艺之一瞥”的视听盛宴。

虽然，如鲁迅开讲时的玩笑那样，像董竹君的孩子这样小的姑娘确实难以听懂他话里的意思，但听完演讲回家的路上，孩子们就自己不明白的地方向母亲请教的做法，就已经不虚此行，因为思想意识上的蜕变本来就需要在潜移默化里慢慢累积。

还有一次，朋友送来两张《伏尔加河船夫曲》的电影票，董竹君如获至宝，并特地带着已经上了中学的女儿国琼前往观看。荧幕上，船夫们骨瘦如柴、破衣烂衫，那苦难的形象与上海滩的穷苦百姓何其相似，看着他们被生活所迫，无奈而吃力地拖着大船的粗绳在岸边行走，董竹君和国琼的心脏被他们沉重的步伐踏出了悲凉。

那场电影，让这对母女热泪盈眶，那种关于贫富悬殊的感慨和难过在电影观看后的日子里久久不能散去。国琼也因为这样一场电影，开始思考自己肩膀上的责任和如何与周围穷苦的人们和谐相处。

在董竹君的教导下，孩子们开始知道为人处世的首要因素就是不可推卸的责任感，也知道这种内在的光明正直，在上海这样一个光怪陆离、万恶丛生的十里洋场更需要用妥善的方法加以处理。

虽然，董竹君给孩子们的只能是一个单亲的家庭，但她从来都不会吝啬自己的教育和关怀，只要能帮助她们抵御社会的不良风气，董竹君就会尽力将正能量灌输到孩子们的脑海中。

终有一天，这些姑娘们定然会离开母亲开始自己独立而崭新的生活，但这些思想上的教育是母亲送给她们的最珍贵的礼物，也是这世间最难得的真心爱护。

第七章

转折－雨细风微春向暖

失业：屋漏偏逢连夜雨

面对亲人的离去，多数人会沉浸在悲伤中难以自拔。虽然时间是疗伤的好方法，但只有真的面对那样的残酷，才明白每一刻的思念与不舍，有多么难熬。然而，在董竹君的生命历程里，母亲离世的时候，她却没有时间难过与伤心，因为在那段痛苦不堪的岁月里，她身上所承担的不单是失去母亲的痛苦，更有一家老小生活的艰难。

一场战火过后，群益纱管厂成了废墟，市场的不景气和出狱后的行动受限使董竹君无法公开寻找投资人重新开启纱管厂的生意，这个曾经寄托了她全部希望的厂子，无奈之下，只能以清算告终。

当局对共产党员的追捕还在继续，董竹君“嫌疑犯”的身份使她在上海的处境难以为继。为了躲避，她带着几个孩子去过杭州，也在友人的介绍下前往无锡一家砖瓦厂担任过经理。

生性独立的董竹君虽然慢慢学会了圆滑的处世技巧，但她内心坚持的真理和道义与那个堕落混乱的世道格格不入。在砖瓦厂的那几个月，董竹君拼尽全力工作，但股东与自己在经营上的意见的不一致让她一直被排挤。

思想意识与股东无法磨合到一处，工厂的前途又没有强大的资本作支撑，董竹君在最后一次沟通无效后，终于选择了辞职，并返回上海。

面对又一次的失业，董竹君的境遇恰好与“屋漏偏逢连夜雨，行船正遇顶头风”的说法相应。为了节省开支，董竹君带着孩子们从原来的桃源村搬到租金更为便宜的甘村，生活也从原来的勉强度日变成了食不果腹。

看着一家老小七口只能在二叔偶尔的接济下勉强度日，董竹君的母亲虽然十分沮丧，但苦归苦，家人间的支持和理解还是董竹君最在意的。

“你这孩子就是太强硬。我和你父亲辛苦了一辈子，好不容易盼你嫁了个好丈夫，眼看生活有着落，谁知如今又落入这步田地。唉，不过话又说回来，你四川那个烟鬼丈夫，看上去对你挺好，实际上却刁难得很。他那种高高在上的大男人的神气，的确让人无法接受。丢了金簪子他不帮我，你父亲帮他煮鸦片他诬陷你父亲偷鸦片，这些事情想想都让人觉得委屈！”

听着母亲的话语，董竹君的内心翻腾不已，她既感动于母亲的谅解，也为自己不能安顿父母的晚年而感到愧疚。她暗自下定决心，渡过了这个难关，一定要让父母的生活好起来。然而，就在这个决心下定的第二天，母亲仙逝的噩耗却接踵而至。

午夜的安静被悲伤击碎，父亲哭泣着推开董竹君住所的大门，将老伴晕倒的消息告诉了自己的女儿。董竹君大吃一惊，跌跌撞撞地随父亲赶往他们居住的院子时，母亲的状况已不容乐观。

医生正尝试抢救，围观的人在一旁不断地出主意，一番熙攘后，医生摇了摇头，站起身来，叹了口气。董竹君不愿意相信眼前的事实，用尽全力扑在母亲身上认真地探寻她的脉搏，直到右手上的平静宣告母亲的离世后，欲哭无泪的她只剩下麻木和空白。

关于母亲去世的原因，医生并没有做过多的解释，父亲也只说是昨日吊唁董竹君英年早逝的表哥张宝记悲伤过度所致。但是，不论什么原因，董竹君都觉得自己身上有推卸不掉的责任。

“可怜你母亲，前几天想找几个铜板买个香瓜吃都因为怕第二天小菜钱不够而没能吃上。”父亲的哭诉让董竹君心如刀绞。

她不惧怕自己在贫穷的旋涡里挣扎，却看不得心疼自己的人背负同样的命运。母亲生前，她没有办法给她足够的生活资本，母亲死后，董竹君发现自己竟然连收殓她的资金都没有。只能跑到东来顺五金行的严培馨先生那里借来两百多元草草买棺办丧。

生在封建社会的末端，董竹君并不是一个迷信的人。在她的世界里，人只有今生，没有来世，那些所谓的鬼怪轮回也统统是骗人的谎言和愚昧论调。

但伏在母亲棺椁上的那一刻，她却真真切切地希望母亲的灵魂能在这世上出现，唯有如此，她才能有足够的时间让这个吃了一辈子苦的女人重新获得幸福。眼泪顺着棺椁流淌，地上斑驳湿润的泪痕记录的是她内心的无助和痛苦。

人死不能复生，生活还在继续，董竹君回头看见一旁白发苍苍的父亲，心中对母亲的愧疚一涌而出，情不自禁地汇聚到父亲的身上。母亲去世了，父亲的生活自然更加孤寂、痛苦，原本他便是积劳成疾的身子，如今增添了这样的痛苦伤感，他的精神和体力难以重整旗鼓。

为了让父亲的状态能有所好转，董竹君靠借或变卖的方式筹钱寻医，但还是难以挽回。父亲的身体每况愈下，最终还是病重卧床。

看着女儿为自己操心上火，年迈的父亲自然也无法心安理得。人上了年纪，有时像是个孩子。有一次，他小声地对女儿说："阿媛！我只要多活五年就足够了。"原本，老人想用如此的话宽慰董竹君，却没想到，这样的话一出，董竹君的胸口越发疼痛。

她没有作声，但内心悲凉到了极点。这是多么悲惨的人生啊，又是多么绝望的境地？钱，多么简单却又多么沉重的话题。想要人格的独立，钱无处可来，想要让夏之时再次支援自己，尊严和人格却无法容忍。

给父亲看病只要两元钱，但就是这样微不足道的费用都是自己典押了家里值钱的物件才勉强得到的。作为女儿，她哪里愿意父亲的寿命框在五年的限制里，但反观现实，就算自己去卖血恐怕也不能满足父亲多活五年的合理要求。

一时间，董竹君的头顶仿佛被黑暗遮住了方向，她不知道自己该往哪里去，也不知道脚下的路是否还有往前的可能，她定定地看着父亲，原先强忍着的泪水终于在父亲慈爱却悲伤的目光里，一发不可收拾。

月光下，董竹君看着窗外的黑暗揪心而沮丧。想起母亲的离世，看着病重的父亲，近乎崩溃的董竹君不由得想用自杀来逃避这个现实世界的黑暗。

然而，当她转身看到床上睡得正酣的孩子时，如此可爱又可怜的小生命直击她的心灵。离开四川后，无人接济的局面的确让她心生后悔，有时，她甚至会想，如果当时服软妥协回了四川，那孩子们至少不必跟着自己在火坑里挣扎。

但是，独立的尊严无法忍受自己和孩子们在所谓夏之时那个“一家之主”的暴虐下苟延残喘。孩子们没能过上幸福的生活，是自己的责任，但若是让她们在那个没有希望的封建家庭里丧失了人格和尊严，则更是她的罪过。

人天生就有惰性，逃避是一种毛病，更是一种本能。虽然它时常被人斥责，却不可避免地存在于每个人的心里，一不留神便蔓延其间，即便常常清理、时时自省也难不受其扰。

直面困难其实是一件很难的事情，当前方并不如自己想象中那样美好却依然要接受的时候，人们不免会因为心里的不情愿而生出抗拒的心理，于是，在逆境中坚持下去就成了体力和心神的双重考验。

如同划船，为到达彼岸夜以继日地划动船桨时，体力的消耗和身体的疲劳也会让人不由得生出懈怠的情绪。刚开始，看不清楚对岸，却想着目标一定是自己想要抵达的，所以能斗志昂扬，体力充沛。但是，当船向前划出了一段距离，对岸的景物早已超出了自己的想象范围，那么触不到的前方和已然远离的后岸就成了疲累身躯上的另一道精神枷锁。

于是，前进还是后退成了困扰的问题。若到达目的地的信念还像开船前那么强烈的话，那前进肯定是毋庸置疑的不二选择，但若此时惰性占了上风，那么各种各样的理由便会“不编自来”地出没在我们心里——

没有人说一定要到达对岸才能停下，所以不划也没有关系；

再划下去身体会吃不消的，和到达对岸相比，身体的健康其实更为重要；

对岸的景象不是我想要的，所以放弃了，一了百了也无甚可惜。

粗略地看上去，每一条理由都冠冕堂皇、十分有理，但仔细辨别后，我们却不难发现，这些理由的背后其实最终都藏着“惰性”和“逃避”。用罗兰的话讲，惰性是一件很奇怪的东西，因为它使你感觉到安逸、休息和福气，却带来了无聊、倦怠和消沉。作为人类的本能之一，惰性潜伏在心灵的最深处，意志足够强大的时候它仿佛隐形了一般难以寻觅踪迹，可是，只要意志稍微松懈，它就会顺着薄弱环节的缝隙一点一点地放大，并最终成为思维的主宰。

长期紧绷的弦很难说没有松弛的时候，于是“惰性”和“逃避”的滋长空间就多了起来。正因如此，人们才将对逆境中持之以恒的品质看得弥足珍贵，因为一个人倘若任由自己懒惰成性、颓废成习，那他对生活也会慢慢地失去兴趣，失去动力，最终成为生活的弃儿，甚至付出自己的生命质量作为陪葬。

辩证与思考在脑海中翻来覆去，董竹君在重新确认离婚的正确性之后，努力地让自己从绝望的悬崖回退下来，而一股正视困难的勇气也在她返回的途中，重新燃烧起来。

坚强：戴着镣铐也要跳舞

泪水是困难境遇里的宣泄，但苦涩的泪珠儿却并不能冲刷掉现实里的尘埃。董竹君伏在父亲的膝上哭泣了一晚，次日，太阳重新升起的时候，坚强又一次在阳光普照之际生长。

为了医治父亲的病，董竹君依旧尽自己所能地筹集资金，当卖东西早已寻常，兼顾着做些零碎的小工也是她最经常的方式。

春夏的脚步缓慢向前，秋冬的寒冷让贫穷如冰雪一般刺骨。1934年底，父亲的病势已然到了不可逆转的地步，董竹君虽然坚持用药，但心中很明白，疾病正在加快侵吞父亲生命的步伐。

混乱的世道里，贫苦人群里因为无钱就医而失去生命的人不计其数，董竹君眼看父亲也渐渐成为这众多人中的一员，心里悲痛怨恨的同时，更在拷问自己：如此的结局，究竟是谁的罪过。

怨天尤人不是办法，哭天抢地也于事无补，捉襟见肘的生活让她没有办法再去实现心中的抱负和理想，但对革命成功的渴望更加强烈。她盼望着能有更多的人揭竿而起，有更多的英雄豪杰将这黑白颠倒的世界重新整理，如此，她也能满足父亲多活五年的愿望。

但理想和现实终归无法等同。在与疾病抗争了一年多后，董竹君的父亲终于因为救治无效而撒手离去。看着父亲被疾病折磨得骨瘦如柴的身形，董竹君的心碎了。

曾经，父亲的愿望仅仅是多活五年那么简单，但作为唯一的女儿，董竹君不能让他得偿夙愿。母亲已被饥饿和贫困夺取了生命，父亲却又一次遭受如此磨难。

不能为国革命，是为“不忠”；不能为双亲晚年谋幸福，是为“不孝”。强烈的责任感与这两个词碰撞，相互冲击的一瞬间，董竹君内心的愧疚如同洪水一般，一发不可收。

是啊，自己是何等的期盼能为百姓、为国家做事，又是何等的希望自己的父母能不愁吃穿，老有所依。为了实现这两个理想，她吃再多的苦，受再多的委屈都无关紧要，但让她痛彻心扉的是，愿望无法实现的根本原因不在于自己努力与否，而在于这个世道的动荡和混乱。如今，双亲都离开了人世，即便这个世道真的变换了，自己也没有机会看到他们衣食无忧的笑颜了。

想到这儿，董竹君的心里灰暗了许多，理想无可寄托的失落让她不禁垂头叹气。然而，就在这一刹那，董竹君脑海中闪过的父亲临终前唯一的那一抹微笑却让她重新找到了心中理想的依托。

“阿媛，要是那个姓李的愿意资助你开设餐馆，你能成功吗？”

“您放心！钱若能拿到手，自然可以成功的！”

那一日，为了让父亲宽慰，董竹君在尚未查明这个姓李的先生是否真的愿意帮助自己的时候，便胸有成竹地向满眼渴望的父亲做了保证。今日想起来，她却突然发现，这样的答复虽出于安慰，却不见得没有可行之处。

李嵩高的确是不速之客，他的到来没有人介绍更没有提前告知，但他的话语十分真诚。

“我曾经在法国留学，回到祖国后投笔从戎，在四川领导了一支土队伍。之前，您带着孩子离开夏之时，在成都可谓轰动一时。我带着憧憬和钦佩，趁着这次到这里添买枪支的行程，专门到上海拜访您，这两千元虽然是从买枪支的经费里拿出来的，但并不是来历不明的赃款，你拿着先做点生意，开个餐馆什么的，把自己和孩子的生活问题解决了再说。”

回想起当日李嵩高的建议，董竹君心里又疑又喜。她当然期盼有人能助自己一臂之力脱离苦难，却也忌惮这个陌生人的底细。虽然他说是因为佩服自己的出走而专程来拜访的，但来自四川的经历仍让董竹君有所忌惮。

为了做出更好的决断，董竹君找来相识的党员同志和进步人士商议，在听完董竹君的描述后，好友们觉得借李嵩高的钱开办餐馆既能解决眼下的生活困难，又能协助党的地下工作，确实值得一试。

听了好友的劝解，董竹君心中的茫然渐渐地清晰起来。对她来说，这样的决定不单是目前生活的最好出路，更是对父亲生前承诺的履行。就这样，在给自己定下赚了钱一并奉还的原则后，董竹君便开始了她人生中最重要的商业经营活动——创办锦江饭店。

半年后，李嵩高买枪的钱被友人彭丰根吞没，没有经费回川的他只好困留在日本。那时的锦江饭店已经十分红火，董竹君在知道这一消息之后，立刻将欠款二千元汇给李嵩高，之后还继续出资接济了他一年有余。

这样的经历，令人意想不到，也让人感叹人生无常。两千元的资助，比起购买枪支的款项似乎有些微不足道，但半年后却成了李嵩高的生命和事业得以维持的支撑。

这样的经历看似传奇，却和董竹君一直追求的人与人之间的互助互爱不谋而合。在经历了苦难中的彷徨和悲痛中的挣扎后，董竹君又一次看到了生活的希望，也再一次坚定了信仰的方向。

转机：锦江传奇拉开序幕

在中华大地上，历朝历代，餐馆都是国人津津乐道的地方。在那里，不单煮、蒸、炒、煎等烹饪技巧被运用，连承载于菜品中的中国文化也得以传承和延续。

民国的时候，虽然西餐这样的舶来品也开始与中国人的生活发生联系，但中餐作为主流传统，还是岿然不动地成为酒菜行业的龙头。在上海，灯红酒绿的西式舞厅引人驻足，但与三餐密不可分的中式餐饮行业并没有因此而没落。

广东菜、福建菜、四川菜、淮扬菜，除了北平，另一个能尝到全部中国菜式的城市便是董竹君所在的城市上海。尽管这些店铺的经营方式和陈设布置有些老旧，但生意却仍旧红火异常。于是，刚刚筹到开业资金的董竹君看到了商机。

作为上海人，董竹君对江沪一带的美食应该更加熟悉，但是这一类的饮食在当地太过广泛，市场竞争很大，想要从这许多家餐馆中脱颖而出显然有些费力。为了能尽快地打开市场，董竹君决定另辟蹊径，将自己当时在成都市吃过的花样繁多、风格不同的川菜作为自己饭店的主要方向。

为了让自己的饭店给顾客耳目一新的感觉，董竹君将饭店命名为“锦江”，并用竹叶作为饭店的商标，既可以同自己的姓名相呼应，又可以告诉别人自己创办的企业不仅是单纯的商业运作，更是一项宣传中国理念的文化事业。

自古以来，文人墨客总喜欢用美好的花卉自比。早在2400年前，孔夫子便用芝兰比喻君子，认为生于幽谷的芝兰“不以无人而不芳”的品德恰好与君子修道立德时“不为穷困而改节”的精神不谋而合。从此，这些本与尘世无关的花草渐渐成了文人的情感寄托。

陶渊明“采菊东篱下，悠然见南山”的悠然自得为世人所羡慕；周敦颐赞荷花“出淤泥而不染，濯清涟而不妖”的诗句被历朝历代广为传颂；刘禹锡“唯有牡丹真国色，花开时节动京城”的惊艳则让人对这一抹国色天香充满期待和想象。

于是，和其他文人一样，董竹君也给自己的感情找到了天地间的宿主。它不是妖娆的芍药，不是清丽的月桂，不是雅致的茉莉，也不是婀娜的芙蓉。出人意料的，令董竹君一见倾心的是那刚直不阿，以傲然气节直上云霄的君子——翠竹。

古代诗人郑燮的《新竹》用“新竹高于旧竹枝”的句子写出了竹子积极向上、不断进取的优秀品质，杜甫、苏轼等精通诗词歌赋的大文豪也在自己的作品中对竹子做出了详尽的描绘，以此将它不惧严寒酷暑，万古长青的坚贞傲骨形象，刻画得淋漓尽致。

这种身形挺直、宁折不弯的品质像极了董竹君的性格气质，和男人相比，这个从来都不让须眉的女子更愿意用如此的挺拔作为自己的人生写照。

在中国，名字里带个“竹”字的女子并不多见，奔着竹子的气质而改变自己名字的更是寥寥无几。从小，董竹君就有一个“阿媛”的乳名，后来取的“董篁”二字也十分符合学堂老学究的审美习惯和传统习俗，但个性独立的她对这样的名字并不满意。

为了让自己能和竹子一样卓尔不凡，董竹君将自己的名字起为“竹君”，开店后她更是希望能将竹子的品质延续到自己的饭店并感染店里的员工，因为，对以竹子为主体的店标的选择，董竹君是毫不犹豫、不假思索的。

就这样，一个只有八九人的“锦江小餐”在华格泉路三十一号的店面开张了。餐馆采取了家庭形式的设定，楼下只有四张小桌，但开门红的局面让这个名不见经传的小店一跃成名。

从此以后，锦江小餐成了上海最有名的川菜馆。每天，大批的顾客将小店围得水泄不通，饭店的过道旁边也添加了座位供客人们落座。菜肴和账单在大伙的头顶上传来传去，顾客们享受美食的心情却丝毫不受影响。后来，连杜月笙、黄金荣、张啸林这些在上海叱咤风云的人物也来锦江小餐进餐用饭，即便是他们这样的人物，也必须同其他顾客一样需要在门口排队等很久，这里还是依旧车水马龙，摩肩接踵。

论起来，在上海的川菜馆并不只有锦江小餐一家，但经营得如此成功，达到如此盛况的店绝无仅有。同样是酒菜行业，同样是忙碌的服务行当，董竹君的锦江川菜馆能取得这样的局面，归根结底还是与她本人善于经营的性格特质密不可分。

大约是女人特有的细腻所致，董竹君对餐馆的装潢和设计有着属于她自己的独特理解。在她看来，不论是居家还是经商，在任何环境下，最重要的基本条件便是整洁美观。当餐馆在拥有了符合美学的传统和视觉效果之后，顾客自然就能络绎不绝，连绵不断。

店面采用全黑的光亮瓷砖，二楼处悬挂一块乳白色招牌，店门上是金黄色丝绒门帘，门帘右边是楼梯，扶手的朱红色喷漆别具风雅。简洁明白的颜色搭配下，一盏兰花水晶大灯和一幅西洋山水油画将整个餐馆中西结合的特色表现得淋漓尽致。见惯了上海滩各色艳丽的装潢，顾客们一进到董竹君的小店，便能感受到一股与众不同的清新文雅气息。

除了在装潢上花心思，董竹君在饭菜的口味和样式上更是尽心尽力地谋求创新与变革。川菜，花样众多，但样式和辣感在官场酒宴和民间用菜的偏重并不相同。为了能让更多人感受到川菜的魅力，董竹君带着锦江的大厨们将二者的长处相结合，并认真加工改良，形成了具有锦江特色的轻辣感，讲刀法，重美观，多口味的菜肴特色。

雪白的燕窝里，必然有一颗蜜饯红樱桃做装点，香酥全鸭的周围，绿色蔬菜的点缀让菜品看上去不再油腻不堪。这些细节看起来简单，但背后所隐藏的极致品质追求令人钦佩。从这个层面上讲，董竹君和锦江的成功，虽有些意料之外，却也在情理之中。

为了让员工们能和自己一条心，也为了心中那个帮助别人的理想，董竹君在人员教导和薪资福利方面也十分费心。

饭店开张前，董竹君对各部门工作人员做了详细的交代和培训，要求他们和睦相处，不得吸烟，不得赌博；开张后，董竹君则身体力行，事必躬亲。厨房里监厨、改良菜肴，董竹君样样带头，正堂烫酒、泡茶，甚至倒痰盂、换台布这些零碎的活计，她都要认真示范，以此让属下的员工达到高标准的水平。

那个年代，战火里谋生并不容易，即便幸运地找到了工作，佣金和薪水也很低，甚至连按时发放都成了问题。鉴于这种情况，董竹君特意将锦江的薪资待遇提高，并固定在每月 17 日发放。同时，根据店里生意的好坏，董竹君还给员工们发放小费，到年底，锦江还会给员工发年赏，以此奖励员工在这一年里的辛勤工作。

有一次，做点心的李师傅的妻子产后子宫出血，生命危在旦夕，董竹君听闻后立刻陪同妇科名医郑素因到他家中治疗。酷热的天气里，跪在病人窗前的董竹君和郑医生一丝不苟地做着手术，即便汗流浃背，也不曾停手。

如此的关怀让董竹君成为远近闻名的“好东家”，而她关于诚信和商业道德的口碑更让她的锦江蓬勃发展。在那个动荡的年代，企业和商店的员工流动司空见惯，但锦江的职工却几乎无人退职。较高的待遇，赏罚分明的制度体系，患难与共的道义原则，相濡以沫的共处之道，这些在上海的奢靡和繁华里仅存的品质，让锦江成为董竹君和员工们共同的家。

他们一同爱护着它，也一同重视着它，既把它当成生活的依靠，也把它当成战争废墟里最重要的精神家园。战火或许不可避免，动荡或许不能幸免，但有这样一处避风港，心灵便不再漫无边际地流浪。

看着与自己同样苦难出身的员工殷切的目光，董竹君深知自己责任的重大。她告诉自己，就算再艰难，她也一定要将锦江的事业坚持办下去，因为，锦江早已超越了私人产业的范畴成为众人的依托，它的兴盛不仅仅能带来财富的累积，更能带来生活的希望和生命的延续。

红火：为梦想不只为谋生

在很多人的眼里，董竹君天生就是会做生意的料。当年在四川，她组织附近的女工开办作坊，投资飞鹰黄包车公司都取得了良好的效益，多年后，她又以两千元为起点，开始在光怪陆离的上海展开一段全新的商业历程。

对于董竹君来说，锦江是她生命的转折，也是人生的重要篇章。为了能让这个店更好地发展下去，董竹君改变了以往执拗的性格，开始有意识地将自己对革命的执着包裹在安全虚掩的表象之下。

作为一家餐馆，锦江虽然只是提供餐饮的店铺，但来此光顾的名人并不少。杜月笙、黄金荣、杨虎、郑毓秀、田淑君，这些在上海滩及南京政府响当当的人物都因为锦江可口美味的饭菜成了董竹君的座上宾，而董竹君也运用自己的智慧和才华巧妙了利用了他们在各自领域的势力和威望，成功跻身上海“名人”的行列，并在别人误认为自己背景过硬的同时，为中国革命提供了更多物质及资金上的支持。

夏之时曾经的好友、国民党将军、四一二反革命政变中屠杀革命党员的祸首之一杨虎在上海重遇董竹君时，对锦江的成就赞不绝口，董竹君的脸色却丝毫没有承接这份赞扬的意思。

心中气愤难平，她想一言不发地走开，更想朝这个刽子手大骂一通，但面对这个靠权势得生存的上海，董竹君不得不强压怒火，笑脸相迎。叙旧寒暄里，杨虎以为董竹君同自己故交情深，却不知道这个心系革命的女人心中所想的是依靠杨虎的势力摆脱巡捕的盯梢刺探和黑帮势力的虎视眈眈。

杨虎见董竹君如此热忱，便发动自己的妻子田淑君一同说服董竹君加入国民党，董竹君虽然以不懂政治为名做了拒绝，但她心里对时局的理解和预感比这两个身陷泥潭的人清晰、明朗许多。

她一直坚信，只有共产主义才能救中国，也只有共产党才能让整个国家贫困的老百姓过上幸福的生活。虽然，眼前的政治局面还有些迷茫，但真理却早已在远处等候着人们。简单而执着的信念在为董竹君指明道路的同时，更坚定了她经营好手上的事业的决心。

除了杨虎外，锦江得以壮大和发展的另一个“挡箭牌”便是在上海滩叱咤风云的杜月笙。

有一次，杜月笙在拥挤的锦江饭店门口排队等餐的时候气急败坏地发起火来。不明真相的食客们，以为这位黑白两道十分吃得开的大人物发起飙来定然是锦江饭店或是董竹君哪里做得不好，便缄口不言，不敢动弹。

许久，锦江饭店的服务员石子湘才胆战心惊地向杜月笙询问发火的缘由。原以为杜大爷肯定要将锦江的服务和菜式大骂一顿，谁知，惹杜爷生气的竟是董竹君未扩充店面一事。“每天店里的生意都这么好，人都这么拥挤，你们老板娘怎么就不扩充下店面呢？要是没钱，我杜月笙帮她，不就是让房东孙梅堂多给几间房子吗，我来办！”

杜月笙气势汹汹，石子湘战战兢兢。他小心地应下杜老板的话，然后跑到后厨转告给董竹君。董竹君听完，心中一下变得犹豫起来。

从小到大，董竹君一直都是个“倔强”的女人，她可以接受义士的帮助，却不愿意接受“帮会”、“道门”这一类恶势力的撑腰。为了让锦江能在干净的环境下发展，董竹君觉得应该婉言谢绝杜月笙的好意，但回想起这些年来在上海的经历，董竹君不得不承认，无人撑腰的弱女子想要把企业办成是比登天还难的事实。

上海是有名的十里洋场，花花世界和奢侈糜烂里，人与人之间最重要的交往依据就是靠山和背景。有了这两样，毫无经营能力的人也能肆意扩展店面，牟取暴利；否则，即便付出了双倍的努力，所得到也只能是别人的讽刺和嘲笑。

面对这样一个可笑却无法逃脱的现实，董竹君思量许久，终于还是决定将自己的执拗包藏起来，用笑脸相迎的“热忱”接受杜月笙的帮助，以此壮大锦江的实力，从而更好地实现心中的理想。

就这样，在杜月笙的协调下，房东孙梅堂不得已将相邻的几家店面一并租给了董竹君。董竹君在继承了原有设计风格的同时，扩充了客人用餐的位置，顾客因为环境的改变来得更加频繁，锦江饭店的生意在新老顾客的帮衬下越发地红火，即便它所在街道的对面竞相开办了许多别的口味的菜馆，它仍然是上海滩首屈一指的饮食招牌。

世界著名表演艺术家卓别林来上海，必去锦江饭店品尝中国味道，美国大使馆商务参赞到中国来，也会在友人的陪同下前往锦江饭店大饱口福。外国友人的赞不绝口，在为董竹君挣得民族声望的同时，也让南京政府及上海滩的各色人物对锦江的菜肴垂涎三尺，更让利益至上的奸商有了仿效的对象和渠道。

锦江饭店红火不久，香港和台湾相继出现了冒牌的锦江餐馆，连法国巴黎和美国洛杉矶也开始有了锦江餐馆的足迹。为了让锦江的正宗口味能得到传播，美国大使馆商务参赞曾写信邀请董竹君到纽约设立锦江餐馆的连锁分店，杜月笙也提出要将董竹君的锦江菜馆分设到他创办的大型娱乐园内，但董竹君都因为心中恋恋不舍的革命工作而婉言拒绝。

在她的眼里，锦江的意义并不局限于家庭的小爱，相反，它应该成为人间大爱的承载者。为了了解社会各阶层对政治、经济、社会的意见和看法，以便更好地传播革命思想，董竹君联合锦江常客中的进步人士组成了名为“生日会”的团体，定期会晤，充分讨论；为了给中共党员、左派人士提供恰当的联络地点，董竹君将锦江茶室贡献出来作为他们商讨大事的秘密据点。

外头的名声里，董竹君是上海滩首屈一指的、有背景有靠山的“厉害女人”，但在中共党员和进步人士的眼里，董竹君却是最热忱、最称职的“后勤保障”。

她不喜欢抛头露面，更不喜欢在上海“名人”的行列里浪费生命。国家混战，民族危亡，革命志士正在为国家的未来奋斗，深爱光明和人民的董竹君既不会沦落在所谓的成就里沾沾自喜，也不会陷入金钱的诱惑里盲目奢靡，因为她知道，锦江的红火不只是为了家人的生存，更是为了长久留存在心间的理想和信念。

第八章

动荡 - 云卷云舒任平生

考验：笑对人生问答题

如果读过董竹君的自传，你会发现，这个在上海滩写下属于自己神话的女人对身在其中的城市最常用的评价便是四个字：光怪陆离。

的确，与十里洋场、富甲一方这些词汇比起来，董竹君用的词汇在恰到好处地描述这个城市隐藏的规则的同时，也将人们求生的艰难刻画得淋漓尽致。

曾经，董竹君站在社会的最底层艰辛地仰望这个城市里那些高高在上的人如何生存，而当生意兴隆的锦江饭店成功带她步入上层社会的时候，她的事业和生活依然面临着猝不及防的考验。

或许，她弱女子的身份和贫寒的出身是造成她成功后仍然需要警惕万分，甚至提心吊胆的根本原因，但天生倔强的董竹君并不因为这样的遭遇怨天尤人；相反，她总是客观而诚恳地看待自己贫穷的过往，并用强韧的内心微笑着面对人生的拷问。

开业初期，饭店没有执照，董竹君便四处奔走取得营业执照，避免了卫生处借题发挥来敲竹杠；领班厨师贪污浪费，不听劝告，董竹君便四处寻找，以另一班手艺高超的厨师完成了人事替换；顾客因为堂差的事情与饭店职员发生了冲突，董竹君委婉地道歉、解释，对方不依不饶，董竹君不卑不亢地据理力争，最终赢得了对方的赞赏与肯定；黄金荣的几个流氓徒弟蛮横无理，为所欲为，董竹君与店员礼貌地劝解无效，她声色俱厉地把道理讲透，铿锵有力的痛责让对方无法反驳，只得退避三舍。

一个弱女子，能如此退敌，自然让人们误以为杜月笙、杨虎是她的后台，但面对为非作歹、惹是生非之人，董竹君依旧要据理力争，这需要莫大的勇气和坚持不懈的正义感。

为了防止店员和顾客出现冲突，董竹君再三吩咐店堂里的人，切莫因胜而骄，即便对方是三教九流的流氓分子，只要不闹事，便应该以礼相待，绝对不可有任何蔑视的行为。因为想要在上海站稳脚跟，就必须能以谦逊的态度为人处世；否则，一旦成为别人的眼中钉，今后的日子便再也无舒坦可言了。

如此的思考，即便放在男子身上也十分难得，更不用说讲出这番道理的是一个独自带着孩子闯荡生活的单身母亲。或许，这和董竹君的经历以及那些阅读过的历史唯物论、辩证唯物论的书籍有关，因为在董竹君看来，马列主义除了能用于指导上前线干革命的活动，同样也能成为分析和处理人际关系、社会现象的科学方法。

带着这样的心得体会，董竹君成功地化解了身边那些颇有心计的人所带来的麻烦，而这其中不得不提的便是郑毓秀。

来自广东，留学法国的郑毓秀，虽然是个女儿身，却长着一副颇像男子的模样。除了身材魁梧，皮肤粗黑，郑毓秀凶悍的外表下，有着一颗人尽皆知的野心。上海法政学院院长、上海法院院长、立法委员，彪悍的郑毓秀身兼数职，理所当然地成为南京政府里仅次于宋美龄和宋蔼龄的第三大女性红人。

按理说，政治线上的她和生意线上的董竹君应该是井水不犯河水才对，然而，就是这样一个高高在上的女人竟然主动向董竹君抛出了“橄榄枝”，并提出想要和她交朋友。

董竹君生病了，郑毓秀每天随车接送她就医，每次一个多钟头的耐心等候不说，还主动承担了董竹君所有的医药费。天下没有免费的午餐，董竹君虽然表面应付自如，内心却对郑毓秀的目的不甚明朗。

终于有一天，和董竹君成为“朋友”的郑毓秀带着她到海格路的“范园”吃饭，一番寒暄后，郑毓秀便开始直奔主题，希望董竹君能加入到国民党中自己的派系里。

看着郑毓秀终于将目的说出，董竹君一直紧紧揪着的心突然释放了。过去的十几年，劝她加入国民党的人并不少，然而，不论是在四川还是在上海，无论是关系良好的友人的游说，还是有姻亲关系的亲家的劝告，董竹君的心意都始终如一，从未改变。

她开始有计划地与郑毓秀疏远起来。她告诉郑毓秀自己只是个普通的妇道人家，对政治毫无兴趣，只求将孩子养大成人就好。之后，郑毓秀再来约她，她便以店务繁忙、难以分身为由，不露声色地与她断绝了来往。

在这个过程中，董竹君保持着原有的热情，关心郑毓秀的病痛以及她的衣食起居，以此避免矛盾的激化，以防郑毓秀因达不到目的而对她下毒手。

渐渐地，郑毓秀不再来找董竹君做伴，董竹君也再不用刻意保持两人的友好关系，原先所谓的友谊便在这样的冷淡中慢慢消失了。

然而，即便董竹君用自己全部的智慧在如履薄冰的上海滩谨慎度日，一些可笑的谣言还是在不经意间找上门来，甚至连她一直强调的妇女独立的观点，也在某些人别有用心的设计下，成了诬蔑的起源。

1938 年国民党五届四中全会召开期间，董竹君收到了上海沪江大学校长刘湛恩先生的夫人刘王立明的邀请函，希望她能出面担任职业学校的董事。董竹君虽然发了高烧，觉得此事意义非凡，自己有义务协助此校管理，便答应出任董事的职务。

回信表明态度时，身体的不适越发严重，为了不影响其他人的兴致，董竹君婉言谢绝了参加会议的安排，没想到，正是这样一个无法赴约的回复，竟成了刘王立明诬陷董竹君的把柄。因为在刘王立明看来，董竹君不参加这会议是意料之中的事情，因为她和日本人有关系，所以绝对不敢出来见人。

当董竹君从好友口中听到这样的论调，并收到汉口、重庆、香港等地友人的安慰信时，心中的莫名其妙伴着异常的气愤一同迸发。

她不明白这个女人主动邀请又主动诬陷到底是什么意思，更不明白为什么她偏偏选中自己作为诬陷的对象。她向朋友询问缘由，朋友的解释让她气愤之余，更多了几分无奈。

“你十分优秀，因此刘校长经常称赞你，作为妻子，看到自己的丈夫如此夸奖另外一个女人，她自然嫉妒、怀疑，以此打击造谣也就不足为奇了。”

朋友还在解释着什么，董竹君却全然听不进去。她不由得想，同为女子，刘王立明非但不能体会自己创办锦江的不容易，反倒因为丈夫一两句闲言碎语而心生猜忌。受过高等教育的女人尚且如此，那其他还处在蒙昧期的女子对丈夫又该是何等的依赖？

如此看来，中国妇女的独立和解放还有很长的路要走，而自己身上的职责和使命也远比之前想象的要繁重且艰巨得多。

革命：心中燃烧的红色火把

用董竹君自己的话讲，锦江创办那么多年，所围绕的仅仅是一个红字，其中一个红是生意的“红火”，另外一个则是心中燃烧的那把关于革命的“红色火把”。

仔细盘点董竹君利用锦江救助过的革命志士和共产党员的名字，这些人分属的行业之广几乎可以涵盖社会的方方面面。这其中，有负责游击队根据地的革命骨干，有书写爱国情怀的著名作家，有被捕入狱的革命党人，也有乔装改扮的地下党联络员。

这些人遇到的危险和困境虽各有不同，但他们无一例外地得到了董竹君的帮助和支援，并成为中国革命事业的骨干力量。

作为新中国第一任上海警备司令、解放军上将，宋时轮的回忆里董竹君是不可磨灭的一笔。因为在他找不到党组织的那段迷茫的日子里，董竹君的接济成了他得以生存的重要依靠。

广州暴动失败后，宋时轮被当局政府逮捕入狱，在同志们的营救下，他辗转从香港到达上海，却不料与党组织失去了联系。身无分文，处境窘迫，国民党特务头子戴笠又将他视为重要嫌疑对象。

为了找到出路，宋时轮只好带着同狱人李堂萼哥哥的介绍信来锦江饭店找寻商人董竹君尝试一番，谁知，这位看似柔弱的老板娘并没有因为局势的混乱而将自己拒之门外。相反，他还未与董竹君寒暄多久，她便从办公室取出一笔现款交给自己。

在宋时轮的眼里，董竹君似乎只是一个热心公共事业、为民着想的进步人士，然而他不知道的是，眼前这位慷慨解囊的女子其实早就成了一名忠贞的共产主义战士了，即便她的身上还没有中共党员的光荣称号，但组织的主义和信念早已在她的心里生根发芽了。

接过董竹君的款子，宋时轮的内心激动万分。他开始谋划自己的革命计划，并离开上海前往后方组建游击队根据地。枪声阵阵，旌旗飘扬，宋时轮带领着自己的兄弟们与日寇展开了侵略与反侵略的殊死搏斗。多年后，当这位名声大振的抗日英雄将一把日本上将的指挥刀作为纪念品送给董竹君时，这个坚强的女人流下了欣慰的泪水。

她为将军的英勇杀敌感到钦佩，更为这样一份捍卫民族尊严的伟大斗争里有自己贡献的绵薄之力而感到自豪。英雄是荣耀光辉的，但反过来，默默无闻的人也不一定不是英雄。董竹君虽然没能扛起枪，没与战士们一同到前线奋勇杀敌，但这份藏在暗处的支援也同样值得铭记。

就好像董竹君救助过的那些活动在上海各处的地下党联络员一样，他们虽然没能在阳光的照耀下以战士的名义游行于人群之中，但闪亮的军功章里，我们不能忘记他们的功劳和汗水。李云仙、陈同生、曹荻秋、李亚农、李亚群、曹国斌，当我们为那些战场上牺牲的战士们潸然泪下的时候，也同样不能忘记这些隐藏在角落里的革命志士和那些为革命而奉献的仁人志士。

除了默默无名的地下工作者，董竹君救助的人里，还有一些奋战在文艺工作线上的作家、编剧，这些人中，最为人们所熟知的便是人民作家郭沫若先生。

那时，郭沫若刚从日本回国，上海高乃依路捷克人开的公寓变成了他临时的住所。作为政治立场鲜明的作家，郭沫若早就成了反动派忌惮的人物之一。为了保证郭沫若的人身安全，董竹君特地在饮食上做了防范。

每天，她都让店里的职员邓明山将三餐饭菜送到郭沫若的住所，直到郭沫若安全地离开了上海，这个送餐的行动才在董竹君的授意下结束。

1937 年，中国军队无力抵抗日军而退出上海，之前蓬勃发展的进步刊物因为革命形势的败退而销声匿迹。眼看这些刊物就要被战争毁灭，董竹君开始琢磨如何让进步、革命的思想重回人们的视野。

她找来《大公报》的女记者蒋逸宵一同商量创刊的事宜，两人觉得市面上能呼吁女性独立、解放的刊物并不多见，且这类刊物宣传进步思想的隐蔽性较高，便决定在上海创办《上海妇女》这个半月刊杂志。

就这样，这本由董竹君投资、蒋逸宵任总编、姜平任副总编辑兼撰稿人的刊物开始出版发行。原先万马齐喑的上海期刊界在这样一块巨石落下后，竟泛起了不小的波浪。刊物在上海引起了强烈的社会反响，连南京汪精卫政府和重庆国民党政府也想尽办法购买这本杂志。

然而，董竹君却谢绝了。因为在她心里，这份杂志并不是利润的来源，也不是名声的出处，它是革命的宣传者，也是抗日意志的鼓励者。

到了 1940 年 2 月，这本广受喜爱的杂志在出版了三十六期后，终于在外界的压力下被迫停刊。虽然它没能伴随人们度过八年抗战，但在侵略战争爆发的前三年里，它却给迷茫的人们带去了坚守信念的勇气和与敌作战的信心。

新中国成立后，郭沫若对董竹君当时的帮助念念不忘，成为一代文豪的他专门写了一首诗赠予董竹君。诗中写道：患难一饭值千金，而今四海正陆沉。今有英雄起巾帼，“娜拉”行踪素所钦。

如此的赞扬，虽因饭而起，但其中透露出来的赞叹之情又何尝不是针对董竹君独立的人格和坚定不移的革命意志呢？

危机：大时代四面楚歌

董竹君是什么人？在著名作家白薇的眼里，这个女人是仿佛池中的莲花一样，出淤泥而不染。她是易卜生笔下的“娜拉”，却有力地回答了出走后的“娜拉”应该如何奋斗，她用自己的力量宣示了属于女人的人权，展示了母爱的伟大，更展示了一个心系革命的进步人士的执着和认真。

她曾千辛万苦到南洋募款创办工厂，战火将她的成果摧毁，牢狱的苦难让她身无分文，然而，出狱后的她依然迈着坚毅的步伐向前迈进。

锦江的成功看似上天的恩赐，但这其中又有多少不为人知的辛酸和苦楚。毛泽东、周恩来曾赞扬白薇是一个“政治思想上不愿倒下去，在长期挣扎中的奋斗的女性”。而这样一个受到领袖高度赞誉的女性心里，最佩服的人却是一个开饭店的经商女人董竹君。

英雄惺惺相惜，志同道合的女子之间又何尝不是如此。贫困没有把董竹君打倒，饥饿没有让她退缩，双亲的逝去没有让她停下前进的脚步，社会的混乱更没有让她迷失方向。锦江虽然在上海滩名声大振，但随着局势的再度动荡，董竹君需要承担的压力和危险也随之而来。这些旁人或许不知道，但身为挚友的白薇却桩桩件件都记在心上。

国民党时期，上海最有名的流氓头子莫过于杜月笙与黄金荣等人了，但这几人终归还对董竹君留了些尊重，所以，他们当道的时候，董竹君的日子并不算太难过。然而，上海沦陷的敌伪时期，绰号“杜月笙”的汉奸潘三省却成了董竹君最大的噩梦。

潘三省虽然受过洋教育，也略懂些英文，但骨子里并不是进步人士。他投靠敌伪，认贼作父，借着日本帝国主义的势力在上海为非作歹，独霸一方。

他举办足球比赛，表面上为了体育，实际上是为了赌球捞钱；他利用民间势力接管上海安全，其实却将这里变成暗杀的世界。

见董竹君的生意做得红火，潘三省又将目光集中在锦江饭店的身上，希望董竹君开设分店，并以此为自己谋取更多的利润。

“现在的上海是日本人的世界，你既懂得做生意，又晓得说日文，倘若你愿意将生意扩大，然后和日本人搭上关系，以后你肯定能发更大的财，做更大的生意。”

董竹君知道这潘三省来者不善，也知道投入日本帝国主义“怀抱”定然不能善终。为了拖延潘三省，她佯装出十分愿意的样子，并告诉他马上想办法物色厨师。回到店里，她又提醒职员们，对日本客人要小心伺候，不然，被抓到把柄，就麻烦了。

惹不起，躲得起，董竹君打算用以前对付那些拉拢自己的国民党官员的方法对付这个日本人的走狗，但潘三省并没有那么好对付。

看着董竹君不停地推托，这个汉奸头子和日本人虽然不敢明目张胆地加害，却开始在暗中算计起来。某日，董竹君生病在家中休养，潘三省的手下利用送钢笔的借口，强行闯入董竹君的家宅企图行刺。

当时董竹君在二楼，女儿国瑛和保姆阿金在楼下阻拦，董竹君知道情况有意外，迅速用被蒙盖着不出声，生怕被这些人发现了当场杀害。

拉扯了许久，刺客见董竹君一直未出来，相信了国瑛“董先生不在家”的话，转身离开打算下次再伺机动手。国瑛与阿金锁好门后，着急地跑到二楼查看母亲的情况。

“送什么钢笔，明明就是行刺！”国瑛捂着脸，惊魂未定，呜呜哭泣，董竹君看着女儿被吓成这样，再想想沪江大学校长刘湛恩被日本人打死的事件，内心的恐惧油然而生。

日本人、汉奸、暗算、刺杀，充满恐怖色彩的文字在董竹君的脑海里盘旋，四面楚歌的境地让她不由得做出了离开上海逃难的打算。

的确，与其与日本人在这里作生死不明的斗争，不如先离开这个凶险难测的鬼地方，等日后太平了再回这里东山再起。几天后，董竹君便把锦江饭店和锦江茶室的店务安排妥当，留下阿金照顾国琇、国瑛、国璋三个孩子，自己则带上行李踏上荷兰渣华轮船公司的轮船，启程前往国琼所在的菲律宾马尼拉而去。

没有了董竹君这个可以利用的人，留在上海的孩子们不再遭受日本人和汉奸的围追堵截，日子也稍微好过一点，但远离上海的董竹君和国琼在异国他乡忍受了背井离乡的痛苦。

爱国是一个永恒的话题。从古到今，众多文人墨客，仁人志士都用自己的行动为爱国这个命题增添着属于自己的色彩。苏武留胡节不辱的气节，戚继光抗击倭寇的决心，郑成功收复台湾的豪迈，邓世昌与日本海军同归于尽的壮烈……这些传奇构成了国人对抗外族侵略的历史，也让一种永恒精神在口口相传中得以保留和传承。

作为一个经历了数千年沧桑变幻的古老民族，无论是白鸽飞翔的和平年代，还是战火纷飞的动荡时期，这个民族的成员都会怀着赤子之心竭尽全力地捍卫国家和人民的利益。尽管没有人能复制那些闪光而悲壮的过去，其中的精髓却有着历久弥新的神奇魔力。

准确地讲，爱国并不是一件实体存在的物件，究竟是方、是圆也无人能给出确切的答案，甚至要用标准的文字给它一个精确的定义，也会因为众人表述的不同而难以一致。但这种存在于意识里的品质，却能精准地操纵人们的心神，并在祖国和人民的利益受到威胁时瞬间爆发。哪怕毫无征兆，也能在每个普通国民的身上体现得淋漓尽致。

1931 年，董竹君曾为群益纱管厂募股一事到过菲律宾，十年后，这个女人再一次踏上了这片土地。不过，与上次只带着家庭艰辛而来不同，这次的董竹君身上背负着的是逃难的无奈和家国的仇怨，她告诉自己，终有一天，她要重新回到上海的土地上，将属于中国人的一切拿回来。

流亡：远走“千岛之邦”

菲律宾一直以来都被人们称为“千岛之邦”，这个位于亚热带的国度，春季多雨，夏季酷热，终年被常绿灌木覆盖，仿佛一颗巨大的翡翠点缀在蔚蓝的太平洋之上。

在上海，足够的积蓄让她不用再像以前一样过着残破不堪的生活，但是当她踏上这个人称“东海明珠”的岛屿的时候，一切又重新从原点开始。

到达马尼拉的晚上，董竹君和国琼住在一间吊楼上，原本国琼在这里住的是潮湿的汽车间，后来因为董竹君也过来了，她才拿出勤俭节约的钱重新租下了这间吊楼。

那时，亚洲在西方列强的侵略下，成了殖民者肆意扩展的领地。除了中国、日本和泰国，包括印度、马来西亚、越南、缅甸、菲律宾在内的其他国家都分属西方列强国。白人至上的法则里，黄种人成了理所当然的下人和奴隶，歧视与压迫下他们没有领土主权，更没有人权可言。人性的黑暗在殖民主义的脚步里找到了合情合理的宣泄口，假仁假义的绅士们为了自己的利益，将当地民众的财产和生命看成草芥，手无寸铁的本地居民却在无端遭受外来袭击的同时，不得不忍受侵略者最惨无人道的折磨和压迫。

菲律宾虽然是共和国，但在美国统治下有名无实，人们日常生活里拜金主义的论调和贫苦人民的生活形成了鲜明的对比。唐代，杜甫一句“朱门酒肉臭，路有冻死骨”写尽了国家衰败的悲凉与沧桑，此时的菲律宾，那些夜以继日狂欢或一掷千金的富人们与清早遍布大街小巷的饿殍残躯却真真切切地成为这句诗歌的场面印证。

国琼没有钱，所以音乐团团长蔡某对她的态度及看法极其恶劣，甚至不惜诬蔑国琼是汉奸，以此达到破坏她名誉的目的。

从前，董竹君在上海并未听到女儿这般的哭诉，今天，当她和这个坚强的姑娘相聚时，女儿的遭遇让她忍不住流下了泪水。

看着形容消瘦的国琼，董竹君用身上的积蓄改善她的生活，并故意离开吊楼到培培儿饭店向两位七十来岁的老人分租了一间条件较好的房子。环境的改善让社会人士不再认为国琼是穷光蛋，而她的生活境遇和人际关系也因此得到了改善和缓和。

在菲律宾的华侨，大多是福建人的后代。几百年前，他们的祖先从中国搭船来到这里当华工，虽然经过了身无分文的贫穷阶段，中国人辛勤节俭的品质让他们慢慢地成为这里的富庶人家。最富裕的华人经营烟厂、麻厂，中产阶级的华侨则开设食品公司、餐馆、洗衣店等，即便是最没有着落的华侨，也能在当地依靠卖菜的行当过活。

华侨经济状况和人生经历不同，思想上自然也有差别。受过教育的新派华侨较为开明，对很多事情都比较积极主动，未受过教育的旧派则保守、狭隘，对妇女的观点仍然停留在旧时候不得出门的封建规矩中。正因如此，董竹君在菲律宾的时候，联系的人主要以新派华侨为主，并且与其中热爱革命，勇于追求真理的人相谈甚欢。

爱国主义精神是一个巨大的命题，它的定义可以用长篇累牍的文字进行刻画，但与之相比，具象的描述其实更重要。在很多的文章里，我们可以通过作者的描述在各种人物的活动中感受到这种精神的深刻，孙中山为国呐喊，红军与百姓携手抗击日本侵略者，这些故事，在沧桑的历史背景下，以生动的形式阐述了爱国主义的具象化内容。而在同一时代，像他们一样远在重洋外，却依然热爱祖国的爱国人士还有很多很多。

如今的中国，国力强盛，物阜民丰，远在海外的游子因为祖国的强大而有了话语权。当我们以一个强大国家作为后盾的时候，行走到世界的每个角落都有一种油然而生的自豪感和安全感。然而，在八十年前，内忧外患的中国并不是一个能让人产生如此情绪的强大后盾。

那时的华侨，大部分是逃难出去的劳工，即便经过自己的努力在当地赢得了财富和威望，他们还是被当地人看成“异族”。排斥、清理、迫害，甚至是谋杀，这些无法想象的黑暗手段竟然成为本土居民驱赶中国侨民的重要手段。我们不知道这些流亡在外的人们是如何在夹缝中寻找到自己的位置并坚强地生活下来的，但他们对祖国的赤诚之心从来不会因为生活的窘迫和生命的垂危而丧失。

老一辈华侨心地都非常善良，他们对国家的依赖和关切甚至比国内的普通民众都要强烈。尽管身上所有的钱财也都是省吃俭用积攒下来的辛苦钱，但是，只要祖国有难，他们便倾囊捐出，哪怕只是微薄的资金或物品，他们也希望将属于自己的那份力量送回国内。内忧外患的国民政府不能给他们更多的保障和依靠，但董竹君看到了侨胞们的赤子之心。

1941 年马尼拉爱国侨胞为支援抗日前方，举办了捐献音乐会。董竹君觉得这种活动自己必然不能缺席，便与国琼积极投入到这一活动中。

经过一番准备，国琼的《匈牙利幻想曲》果然在音乐会上大放异彩，音乐会结束后，当地报纸竞相报道，董竹君与国琼也因此获得了国民党总领事馆的大加招待。

菲律宾的排外色彩向来浓重，华人在这里遭受到的歧视也不是一天两天了，董竹君和国琼的行为既为中国人扬眉吐气，也让当地的华侨感到欣慰。

太平洋战争爆发前，华侨陈清泉先生曾经到董竹君的住处看望她们母女两人。战争爆发后，日军占领南洋各地，并勒令陈清泉辞去抗日会长一职，为其所用。然而，陈清泉哪里是趋炎附势、卖国求荣之人，义正词严地拒绝后，日军见此人没有用处，便直接将他枪决。董竹君听到他壮烈牺牲的消息后，泪流满面，痛哭流涕。

华侨们为他召开追悼会，菲律宾友人因为敬仰他的事迹纷纷前来悼念。烈士遗像面前的董竹君悲痛不已，他可歌可泣的抗日事迹，在激起董竹君爱国热情的同时，更坚定了她抗日的决心。

为了让抗日行动有更多的经济支持，董竹君决定在马尼拉重新开设锦江分店。消息一传出，当地的华侨纷纷给予董竹君大力的支持。从移民局获得入境执照后，董竹君正式开始了锦江分店的筹备工作，谁知，才进行到一半，酝酿已久的太平洋战争最终还是爆发了。

当时的菲律宾是美国的殖民地，所以这场战火不可能绕过这个岛屿。安全起见，董竹君决定回国。但战火绵延的时间里，哪里还有船只能开回祖国。她垂头丧气地走出轮船公司，心里的担忧如剪不断的丝线一般，欲理还乱。

战争将持续多久，多少生命要消亡，多少财产要被损毁，今后的生活将何去何从，归国的时间何时才能确定，锦江怎样，国事如何，店里的职员可还好，家中的孩子能否继续生活下去。

没有头绪，没有答案，董竹君浑浑噩噩地走过一条条陌生的街道，直到黄昏才回到家中。面对现实，董竹君虽然有千万重的不愿，却也只能迎难而上。她和友人丁景福、菲列浦等人商量后，开始节省开支以便有更多的储备应对战争期间的需求。

不久后，日本侵略军开始侵占马尼拉，炸弹如雨水一般从上空落下，把地面上的房屋震得仿佛要倒塌一般。所有人都往屋外跑，董竹君母女自然也不例外。

人头攒动，董竹君和女儿被冲散在人海中。一边是孩子对母亲的呼唤，另一边则是母亲焦急地喊着孩子的乳名。好在这场轰炸并没有持续太久，轰鸣声渐渐消散后，重聚的母女面色苍白，呆若木鸡。

这便是战争带来的日子，这便是战火里最常见的面容与神态，警报长鸣，难以入眠，惶惶不可终日的担忧让精神变得恍惚，迷茫的前途和愿景让人不知所措。

为了减少敌人对重要建筑的轰炸，当地政府下令关停夜间所有的灯火，漆黑如墨的深夜里，人们的心也被蒙上了黑暗的纱布，看不清方向，找不到未来。

居住在城边的菲律宾画家油松先生慷慨地将自己的家让出来给受难的灾民居住，落难的董竹君母女跟着众人一同前往求助。尽管彼此国籍不同，语言不通，但战争年代里对安定的期盼和继续生存下去的渴望却让他们成为跨越种族、国籍甚至阶层的朋友。

如此情谊，既是雪中送炭，也是抗日救亡的延续和扩充，毕竟，不论是哪个国家的公民，只要有人能在这战火中幸存，那么抗击日本侵略军的使命，便会伴着新的希望继续下去。

第九章

流离－天涯流落思无穷

逃难：危险不设防

常言道，人定胜天。这句话固有激发勇气、鼓励向前的作用，但当战争的火焰燃烧到自己身边的时候，这四个字就会显得苍白无力了许多。

战火越来越强烈，人心越来越混乱，马尼拉的街道上建筑的废墟随处可见，流离失所的人们无家可归。眼看着马尼拉即将变成战场，董竹君开始与好友桂华山先生讨论逃难的路线。

在董竹君看来，南方有油松先生的老家，且离马尼拉仅有五十几里，往返方便，所以应该往南走。桂华山先生则认为北方离陷落城市远，战火必然没有那么快蔓延到，因此应该往北方才行。

双方对局势的判断并不一致，各自的理由也十分充分。在彼此无法说服的情况下，董竹君和桂华山带着自己的家眷，按照自己的分析和判断，朝着自己认为正确的方向而去。而一场在异国颠沛流离的逃难历程就此从马尼拉开启了序幕。

出发前，董竹君准备了六个月的干粮轻装上阵，同行的还有国琼的同学菲列浦，和菲人女佣横答以及进步人士张克勤。到了南方油松先生老家所在的小村庄，董竹君等人住了一个多星期后，又因为广播中宣布的马尼拉为不设防城市而继续南下。

就在村长宣布下午 3 点以前，全村必须撤离的消息后，村民们如同无头苍蝇一样惊慌失措。原先还井然有序的场面一下被打破，恐惧的人们怀着哪怕早离开一分钟也好的心态，争先恐后地四处逃窜。

来不及和朋友说再见，董竹君便带着女儿从公路上拦了辆汽车径直逃往马尼拉城。为了加快速度，董竹君吩咐孩子们带尽量少的东西上车，孩子们很听话，将手上无关紧要的东西都抛开后，跟着母亲一同上了车。

开头的路程还算顺利，但到了一个小镇的河边，他们却发现过河的桥被日军炸断了。两岸的男女老少哭声震天，董竹君与孩子们只好下车，跳入河中与难民争抢小船。

好不容易到了河对岸，日军却已追到了河边。难民们本能地逃命，董竹君躲藏到一间空屋的大门背后。一个菲律宾宪兵走到她身边，看着盘旋上空的飞机准备向它开枪，董竹君生怕他的举动引来敌人的注意，便赶紧推门上前，一把拦住了宪兵，并告诉他倘若真的开枪了，那日军的侦察机肯定会将这里当成目标狠狠地打击，到时候所有人都将死于非命。

宪兵觉得有理，便听话地将手收回来，静静地站在原地一动不动。过了一会儿，飞机飞走了，董竹君赶紧跑去外头寻找自己的女儿。好在镇子比较小，两三句的呼喊，女儿便听见了。

此时已近黄昏，当晚在何处过夜成了大家担忧的新问题。考虑到日军已到了小镇上，当晚犒劳将士的话，妇女肯定会遭殃，董竹君便提议离开小镇，重返马尼拉城。众人觉得有道理，便跟着董竹君重新开上车子前往马尼拉城内油松太太的房子。

油松太太的房子虽然因为战火而有些残破，但对于逃难的人来说，这里已经是幸福的所在了。进门上了楼，董竹君站在窗前深深地吸了口气，仿佛要将一天的紧张一并呼出体外一般。

楼下，街道上男男女女还在闹哄哄地抢东西，油库遭焚后的熊熊火光照亮了半个夜空。董竹君回想起和平时光里晴朗的月色，心中一下感慨万分。

同行的张克勤等人虽然没有同董竹君母女在同辆车上，但当日深夜也纷纷进了城。大伙安定下来后，便开始打扫这座残破的房子，并分工协作，各司其职，以此躲避街上的日军和随同而来的日本浪人。

每天，大家都躲藏着不出门，三餐和生活上必须做的事情弄完后，就齐齐上到三楼的屋顶，乘凉、看书或谈论时事。如此的日子，虽然与在上海时无法相比，但战乱里能求得这一年多的安稳已经算是不幸中的万幸了。

考虑到战争可能持续两三年，总靠零星借贷维持闭门不出的生活不是长久之计，董竹君与众人商议后，决定搬到郊外的“奎松城”，并在那里开始做起掮客，也就是买进卖出的中间人的生意。

每天清晨，董竹君带着孩子在路边搭马车入城，然后在那里完成进货和出售的工作。没有办公室，没有电话，她们就着看别人的眼色借电话用，没有交通工具，她们就用自己的双腿奔走于大街小巷。

回去的路上，公路边售卖水果的孩子和老人不在少数，这些水果虽然不新鲜，但董竹君总是会停下来购买一些。众人不明白她为何这样做，但她说，自己也是从穷苦中过来的，因此知道他们的难处，如果见到了这些相似的人不给予帮助，那么强烈的负罪感将比钱财带来的快乐沉重得多。

东奔西跑的掮客生活就这样持续了一年多，往返几十里给做生意带来极大的不便，赚得的费用也杯水车薪。于是在董竹君的提议下，同行的人又移居到城内海边森林的贫民房屋里，以此降低掮客的成本，增加收益的可能。

那时，归心似箭的董竹君天天往海滨的七号码头跑，期盼着哪一天自己能搭乘上返乡的船只，回到祖国，回到上海。手头上的佣金越来越多，董竹君和女儿的生活也宽裕了不少，还清债务后，她带着孩子迁居到“巴赛”居民街的一栋二层旧楼房里。

在那里，董竹君认识了一些青年华侨，并常常和他们交流自己的革命道理和人生经验，青年们听着董竹君的话语，既对她感到尊敬，又对她口中的事业充满向往。在董竹君为人类谋幸福崇高理想的影响下，青年华侨中的一些人，最终投笔从戎，成为抗日游击队的骨干力量和领导者。

战局还在变化，人心惶惶的局面并没有因此而改变，曾经活跃的商品市场，在战火的影响下，开始萧条起来，董竹君的生意无以为继，只好又带着孩子依靠赚的利润闭门不出，静候佳音。

机缘：对七号码头说再见

古人的诗句里，思乡的情结总能让人感同身受。每逢佳节倍思亲，乡音未改鬓毛衰，平常日子里，这些游子的感慨都能让人怆然泪下，如今，董竹君带着孩子在千里之外的岛屿思念祖国，内心深处自然更是波澜起伏。

日落日出，潮涨潮落，自然的循环往复里，希望总在失望过后成长，烽火连绵的战争虽然没有如此明显的规律，但战争局势的变化也同样能让人看到希望。

太平洋战争已然持续了四个年头，世界反法西斯战争的形势发生的重大变化，让这场旷日持久的反侵略战争终于迎来了最后的反攻阶段。

1945 年 1 月 2 日，董竹君在朋友那里听闻有条日本红十字会难民船要开往台湾，随后转上海的消息。这样一个突如其来的机会，让董竹君和孩子们兴奋不已。虽然，交涉的结果只有一张船票，但只要有人能回国，未来就有希望。

于是，在简单地收拾了行李之后，董竹君含泪与女儿告别，开始踏上了回国的历程。孩子抱着妈妈痛哭不已，既为她能回国而高兴，也为她此去的前路漫漫担心不已。

董竹君摸着女儿的头，告诉她自己一向有主意，不用太过担心归途中的安危，并说自己到达上海后，就立刻安排人过来接送她。女儿跟随母亲这几年，见到了她处变不惊的品质，也知道她的判断力十分敏锐，因此对她所说的话深信不疑，心里的担忧也在母亲的安慰下略微地消散了些。

但是，她们不知道的是，此时的董竹君心里比任何时候都没有底气。虽然有航船可以开往上海，但不是一般的航行，任何的绕道都可能遇到天灾人祸。恐惧是自然的，但对故土的思念和回国的热切更加强烈。

七号码头的海风还在吹着，如往日一般，腥味十足，但今天的董竹君并没有觉得这个味道有多么的苦涩。汽笛声响起，船缓缓地离开岸边，董竹君挥别孩子，转身挤入底层的货舱里，开始了艰险的海上冒险。

前几天，船的行进还算顺利，但拥挤的船舱内，传染病的暴发却带来了人们最恐惧的事情，也就是将重病的患者抛入大海喂鲨鱼，以此减少疾病传播的源头。

原本，董竹君十分注重个人卫生，但船内不流通的空气让她也患上了疾病。看着一个又一个在死亡线上挣扎的人被直接丢到海里，董竹君的内心自然恐惧。为了防止自己也遭此待遇，上吐下泻的她只好鼓起勇气开口向船上的日本人请求医治。

在侵略军的眼里，能说自己国家语言的人自然应该被特别对待，董竹君借助自己语言的优势，得到了日本医生及时的医治，免除了“喂鲨鱼”的威胁。

在苏门答腊的海边停留了一星期后，船才又重新启动。

1 月底轮船到达了气候严寒的日本九州岛，在这里董竹君和其他船友将换乘前往上海的行船。草草地用过午饭，董竹君赶紧跑到街上寻找可以打电话给女儿的地方，谁知街上所有餐馆和商店全都关了门，只有一间不起眼的西药店在门上开了个洞，勉勉强强地出售一些药物。

战争的失败给这个国家的人民带来了绝望，原本繁荣的街道在前线失利的消息下，变得萧瑟苍凉。尽管董竹君是日军侵略战争的受害者，尽管她在马尼拉看遍了战争中的苦难场面，但眼前的景象还是让她不由得心生寒意。

居住的旅馆有警察站岗，屋里只有微小的暖炉可以烤火取暖。屋里的人都默默无语，只盼望着行船能尽早出发。四天后，行船依然杳无音讯，同屋的张、黄二位女士只晓得哭泣，董竹君虽然也着急，却主动动脑筋想办法。

旅店的主任是个六十多岁的老太太，董竹君晓得日本上了年纪的女子都比较好交谈，便主动搭话，以求从她口中获得有益的消息。果然，没几天，这个老妇人就将实情告诉了董竹君。

原来，因为战争局势紧张的缘故，所有船只都被政府拿去做军用船只，酒店门口昼夜把守的警卫表面上看是维稳，其实是在监视船上下来的乘客，防止他们逃跑。

听到这儿，董竹君的内心不由得一紧。她向老人请教，询问有什么别的方法可以回上海，老人想了想告诉她们可以坐九州的渡轮从釜山转火车通过东三省再返回上海。

此时，东北也是冰天雪地，董竹君并没有足够的棉衣御寒，但为了能早日回国，董竹君也只能冒险尝试了。次日，在老妇人的掩护下，董竹君等人顺利地离开了旅店，到关防签出口证的时候，董竹君胡乱地说了一通帮助大日本帝国宣传大东亚共荣理念的谎话，希望以此赢得日本人的信任，谁知，日本人竟因为她们身上的钱不足够到上海，只能到天津为由做出了阻拦。

董竹君的心里是紧张的，但表面是平静的，她淡定地说："只能到天津也没有关系，我在那里有朋友，我们可以自己回上海。"关防兵信以为真，吩咐巡警同她一道去银行领钱，并监督她们购买了前往天津的火车票后，才盖上官方印，同意她们离开日本。

次日拂晓，警察监督董竹君与张、黄两位女士上船。航程中虽然多次遇到轰炸的警报，但幸运地，船还是顺利地渡过了海西，在釜山港靠了岸。

随后，董竹君等人又马不停蹄地前往车站换乘火车，旅客虽然将整个车厢挤得满满当当，董竹君仍旧毫不犹豫地挤了上去。毕竟，这是回国的唯一方法，错过了这班列车，如何回到祖国便又成为巨大的难题。

好在火车中途并没有遇上什么问题，当列车稳稳当当地停留在祖国大地的时候，董竹君不禁泪流满面。虽然这个时候，东三省还在日本帝国主义占领之下，但时不时传来的乡音却让人倍感亲切。

前往上海的路还很长，董竹君与身边的人稍作休息后，便又立刻鼓起勇气前往最终的目的地。

整顿：混乱中力挽狂澜

战争带来的除了正面战场的轰炸与屠杀，更有战争波及地难民的流离失所、无家可归。凌晨，从朝鲜来的火车停在天津站台，董竹君踏出火车的第一眼所看到的便是站台上满满当当的流浪者。

时值旧历新年，董竹君身上的钱几乎都用完了。想安稳地睡一觉和吃一餐饱饭是没有可能了，董竹君简单地吃了一碗阳春面，便赶紧买票前往上海。

到达上海的那一天，正好是除夕下午，董竹君雇三轮车到家时，国瑛和国琼早已在凡尔登花园口翘首期盼了。在海上漂泊的日子里，日本投降的消息乘着海风吹遍马尼拉，国琼于年底借着胜利的局势，顺利乘船回到了上海。

虽然比董竹君早到上海，但女儿们时刻顾念母亲的安危。好在母亲终于平安回来，连续几个月杳无音讯的亲人终于又一次映入眼帘。

“烽火连三月，家书抵万金”，杜甫的诗句里家与国之间的情感触动为后人所感慨。炮火让人们在国家的满目疮痍里惊慌失措，薄如蝉翼的几页家书却有千金重，因为它能让流亡者的心得以慰藉。如今，当亲人真的出现在自己面前了，董竹君和女儿们又怎能不痛哭流涕呢?

别离的思念化成泪水倾泻而下，董竹君一路的艰辛和委屈终于在此刻得以释放。倾诉间，董竹君才知道自己在路上历尽艰险，女儿们也在马尼拉担惊受怕。

动荡的局势总算过去，董竹君拥着自己的女儿，看着熟悉的家，心中感到前所未有的安定和幸福。看着来之不易的局面，董竹君决定重新兴办瓷器厂作为实业，但锦江老员工的一次拜访，却让她的目光重新回到锦江饭店。

她不在的这段日子里，锦江的生意依然不错，但管事的张某却监守自盗，贪污公款，并用这些钱购买了洋房、汽车、金刚钻、地皮等。张某的做法极大地危害了锦江的健康发展，也激起了职工们的愤慨。为了让锦江外强中干的局面能得到缓解，职员们听说董竹君回来后，纷纷上门请求她再次出山。

董竹君听着店员们的描述，心中的愤慨自然不言而喻，但考虑到自己四年多没有经营锦江，账目上的事情很难算清楚，且上海还在敌伪势力的控制下，她决定对张某进行适当的惩戒即可。

在她的追讨和谴责下，张某最终把上海虹桥路的四亩地皮作为赔偿还给董竹君。虽然这块地的价值比起他贪污的数目并不对等，但董竹君借此机会收回了部分资金，并解除了张某的职位，以此为锦江的恢复提供了良好的经济及人员基础。

抗日的胜利给了董竹君前所未有的信心，穷苦人站起来的梦想似乎离人们越来越近。然而，国民党投机倒把的接收大员们却让她又一次感到寒心。

由房子、车子、票子、条子和女子组成的所谓“五子登科”开始在上海盛行，房价也在虚假繁荣的景象下开始暴涨。房东们趁机大敲竹杠，连法国人也因为觊觎房产的暴利而开始对锦江事业的发展多加干涉。

为了要回房子，锦江茶室的房东以“抗战复员归来，要收回房屋做办公之用”的口气向董竹君提出要挟。董竹君见对方旨在牟取暴利，便请来刘良律师，在谴责对方隶属政府管理，谈不上复员的同时，以房屋荒废、迁址困难为由拒绝房屋回收的要求。

对方不依不饶，依旧坚持对房子享有所有权。僵持了一段时间后，经罗叔章出面调解，房东才答应以收租的方式继续将几间房屋交给董竹君使用。

虽然茶室免于迁移，但刚刚恢复元气的锦江经过此事受到了经济的打击，可周转的资本一下又减少了许多。

“法币”贬值，物价暴涨，抗战八年，物价平均上涨一万倍的局面让手头上的钱变成了废纸。作为最后的挣扎，南京政府采用“金圆券”的方式，对法币进行兑换。董竹君的锦江饭店、印刷厂和进出口公司在金圆券危机的包裹下，更是举步维艰。

临撤去台湾前，国民党用金圆券做了最后一次挣扎，人民也在这样的挣扎里受尽了折腾。有钱买不到东西，粮食囤积在富商的手里却从未开仓放粮。看着货物奇缺的场面，董竹君决定用金圆券囤积货物的方法减缓手头存款的贬值速度，并借此防止金圆券崩溃后一无所有的后果。

除了锦江，董竹君还将这个方法用在其他店铺之上，以此减轻其他店主的压力。“徐林记”是承包了锦江饭店洗涤业务的洗衣作坊，在金圆券风暴里，这家小作坊眼看就要倒闭关门了。董竹君见势不妙，便转借了一小部分钱给店主人囤积肥皂、煤炭。

几个月后，金圆券果然不行了。金圆券寿终正寝后，紧随其后的银圆政策更是混乱不堪。原先四百六十元就能购买的大米，没过多久就涨到一万块一担，货币撒满整条街，街道上的人们却无人得到温饱。

一个明智的选择让锦江和董竹君手上的其他产业幸免于难。多年后，“徐林记”的孩子们因为这段恩情，逢年过节便提着礼物到董竹君家中做客。虽然只是简单的出手相助，但董竹君惠及他人的精神品质却深深地铭刻在他们的心中，而她提前布局，善于思考的判断力与运营力更在金圆券事件中一览无余。

信仰：始终不变的红色守望

与上阵杀敌的战士相比，董竹君这样一个弱女子，体力没有任何优势可言。但是，正是她善于思考的头脑和精通经商的才华，让她成为地下工作中不可或缺的一员。

回国后，董竹君在恢复锦江、创办地下印刷厂的同时，仍旧不忘做好地下工作。解放战争的三年里，她不但营救了众多中共党员、爱国人士，还经营开办了多家印刷厂和贸易公司，为上海地下党工作开展提供了有益的经济支持和充足的经费保障。

有一天，董竹君正在凡尔登花园的家中梳洗时，好友张锡祺医生的弟弟突然造访，并告诉她自己的哥哥与居住在诊所二楼的刘之光和黄英三人一起被逮捕至四川路的日本宪兵队中。听到这个消息，董竹君着急万分。

她赶紧换上衣服，打算亲自前往宪兵队救人，但想到自己一个中国人的身份可能加重宪兵队的怀疑，便转而联系了曾经居住在同一个里弄的林有泉林医生帮忙，因为林医生曾经无意中告诉过她，日本宪兵队长金井经常去他所在的宝隆医院看病，并且很感激林医生的医治。

借用这层关系，林医生出面保释自然比自己管用得多。董竹君告诉林医生，张锡祺等人只是进步人士，不是共产党员，日本宪兵队肯定抓错了。林医生听闻董竹君这样一说，立刻跑去金井的住处，请求他将这几个被抓的人释放了。果然，考虑到林医生救治自己的恩情，金井盘问了几句后，便爽快地答应放人。

收到这个消息的董竹君激动万分，虽然对这金井痛恨在心，但考虑到将来或许还有用到他的地方，便拿出四十元金币和两瓶白兰地作为礼物送给了金井。

打通了这层关系，董竹君又通过林医生从金井那里释放了多名地下党员和游击队战士。每次保释成功，董竹君都会请林医生和金井吃饭，以此做人情，为下一次的营救做铺垫。

战败的消息不时传来，日本人和中国人的关系在这样的局势里越发地剑拔弩张。好在，每次宴请金井都没有推辞。一开始，董竹君以为这位金井的到来只是为了吃一餐好饭，收一些礼物，后来与林医生的闲聊中，她才发现，原来金井释放在押犯人，接受董竹君的邀请，都是在给自己留后路。日本战败的大势已定，此时借机给中国人做顺水人情，倒也不失为一个自保的法子。

1945 年，董竹君按照党的指示开始创办了印刷厂，以便将中国共产党的理念和观点传播给上海大众。作为文化宣传工作的重要一环，董竹君深知这两个厂子的重要性，因此，即便当时“锦江”两店在经济上还未完全复苏，她仍旧抽出款子作为专项资金，投入到印刷厂的建设和运作上。

为了不引人注意，印刷厂没有办理执照，地下党工委的秘密印件也是通过秘密排印的方式进行，甚至连新中国成立前的重要传单《告上海全市人民书》，也都是在不公开的情况下印刷完毕才散发的。

印刷厂经营期间，考虑到凡尔登花园的房子对掩护工作不利，董竹君便离开此处，另外租下了迈尔西爱路一六三弄的三层楼房，许多来上海的党员和留在上海的地下工作者都到此处碰头、开会、传达任务。

值得一提的是，众多前往上海办事的共产党员中，邓颖超和董竹君曾有一次难忘的碰面。作为女人，这两个同样经历了时代苦难的知己相谈甚欢，董竹君坐在这位资深的革命女性的面前，认认真真地记下了她对自己说的每一句话。

这些话，给了董竹君莫大的鼓舞，看着邓颖超衣履朴素的模样，董竹君的内心既激动又难过，能够见到这样受人尊敬的人物是幸运的，但她艰苦的生活让人心生不忍。

在邓颖超的激励下，董竹君更加认识到应该利用自己在上海的优势做好地下工作。有营救任务的时候她四处奔走，慷慨解囊，看到别的经党指示兴办的印刷厂或其他实业经营困难了，她便暗中资助。

1947 年初，地下党工委打算建立地下交通站，经过商讨，董竹君以合法经商者的身份成为这个交通站的掩护。于是，董竹君从锦江的经费中抽出了一部分创办了美化纸品厂。表面上看厂里每天运输出去的是记事本、笔记本之类的文具产品，实际上车里装的是地下党的文件和宣传品。

之后，在中共的指示下，董竹君又创办了锦华进出口公司，以此为党建立了一条属于自己的，从上海到台湾再到南洋的交通线。虽然，在台湾创办锦华分公司的过程中，董竹君也经受了负责人卷款而逃的骗局，但这丝毫不影响她继续为革命创办实业的脚步。

根据时局变化的需求，中国文化投资公司和美化服装公司相继成立，在此期间，她的营救工作仍在继续，进步人士的策反工作也开展得如火如荼。

四川军官张子钊、爱国医生林有泉、正义律师刘良，董竹君策反的人员行业各异，却总能被她对局势的分析和对革命的理解所打动。

曾经，她以“对革命不感兴趣”拒绝加入国民党，如今，她用自己的声情并茂策反了一个又一个站在政治边缘摇摆不定的进步人士。这些人有的成为解放战争的战士，有的成为全心全意为人民服务的建设者，尽管他们觉醒得稍微晚了一些，但最终，他们还是找到了利国利民的位置和方向。

用杨虎的话讲，董竹君是一个喜欢办实业的女性，但他不知道，这个女人办实业的初衷和动机并不是因为爱财，而是因为她那颗为革命事业跳动的红心和心中不灭的共产主义信念。

第十章

变幻－斯人憔悴光阴改

解放：拨开云雾见青天

黎明前的黑暗总是最让人恐惧的时刻。解放战争进行到第三年，上海在蒋家王朝败退的恐怖气氛中，被逮捕和暗杀所笼罩。

大批黑名单上的党员和进步人士遇害，牢房里好不容易盼到解放的政治犯尽数遭到枪决。董竹君虽然不曾表露自己的政治立场，此时也不敢在家中居住。多亏在招商局工作的蹇人鹏根据指示将她护送往安全的地方，董竹君才躲过了这段最黑暗的时间。

1949 年 5 月 27 日，上海终于迎来了期盼已久的解放。

解放军进入上海城，秩序井然，八条安民布告和三大纪律八项注意的规定，让这个饱经沧桑的城市受到了前所未有的尊敬。

入城仪式的举行宣布了上海的新生。街市张灯结彩，人们载歌载舞，董竹君更是把锦江最好的一箱洋酒拿出来痛饮一场，以此庆贺这难得的解放。

陈毅、饶漱石等人在上海三井花园主持有关解放一切事宜的讨论会，宋庆龄、马寅初、沈钧儒等人均参加了会议。为了招待好这些社会名流，在党的指示下，董竹君亲自带着工会积极分子、名厨胥元勋到会议所在地工作了一周。

作为当时世界四大城市之一，上海解放对全国解放的推进有着不言而喻的重要作用。因此保障全市水、电、煤气、电话、公共交通、公用事业不受影响，保证人民生活不出现混乱是所有中共党员必须解决的当务之急。

解放军的极力保护，地下党的通力配合，让这个城市在接管过程中，没有出现一丝一毫的混乱。不久，中心商业区的门店相继开业，人民购买物品的过程中秩序良好，没有出现人挤人的暴乱场面。

国民党撤退的时候，曾经打算用经济手段破坏中国共产党对上海的接管。然而，在众人的努力下，这个城市却以前所未有的平稳过渡，击破了失败者的别有用心。这样的现象，在世界政权变动的历史上都是极为罕见的场面。

新中国成立后，邓颖超、刘晓、潘汉年等人曾到锦江三楼东厅聚会，董竹君与他们开怀畅饮，相谈间，多年积蓄心中的感慨一抒而尽。

1952 年，董竹君当选上海市妇女代表，随后，她又当选为上海妇女联合会执行委员、上海市第一、二、三届人民代表大会代表。然而，和这些职位相比，董竹君更为令人称道的是她将自己经营多年的锦江饭店和锦江茶室双双奉公的这段佳话。

那时，上海市公安局及市委决定在上海设立一个招待首长及外宾的高级食宿场所，董竹君因为锦江这块在国内外享有声望的牌子而被指定为此次工作的负责人。作为个人财产，董竹君本可以拒绝此项要求，但她内心对党的忠诚和对国家事业的热忱让她迫不及待地想将锦江贡献出来为党做更多的贡献。

在母亲的熏陶下，董竹君的儿女们早已没有了继承家产、坐吃山空的观念，一听说母亲有将锦江奉献出来的想法，大家齐齐表示赞同。

十六年来，董竹君和锦江共同经历了战火的洗礼和政权的更迭，虽然惊涛骇浪不断，但董竹君始终没有退缩，始终都倔强地依靠绞尽脑汁的思考维持下去。这十六年是艰难的，同样也是辉煌的，当上海迎来了新一轮朝阳的时候，董竹君知道，锦江是到了转换身份和职能的时候了。

1951 年，饱含了董竹君十六年心血的，价值十五万美元的锦江成为党和国家的财产。董竹君只留下了郭沫若为她写的《沁园春》词及红木文房四宝一套，其他再无保留。

此后，董竹君仍然出任锦江饭店的董事长兼经理，任百尊、宣铎、应竞等人则任副经理。虽然现任的职务是公职，但锦江的品质和作风仍然没有退步。相反，它蒸蒸日上，成为新中国成立后上海第一家供首长和外宾会面、商谈的食宿场所。

锦江归公后，董竹君没有了个人积蓄，每月的工资由政协支付，每月三百单位（折合当时人民币一百六十几元）。田云樵见董竹君的生活过得太清贫，便主动向上级反映她的经济情况，上级考虑到董竹君的工作贡献，便向锦江汇来人民币一万元。

1953 年秋，锦江的事务稍微闲了一些，董竹君便乘火车前往北京看望已在那里定居的国瑛。有一天，她们突然接到周总理秘书何谦的电话，说总理邀请董竹君吃饭。董竹君兴奋之余，立刻接受了邀请。

进中南海西花厅的时候，邓颖超已在那里等候。上了餐桌，周总理便举起酒杯，对董竹君多年来默默无闻的贡献表示了感谢。董竹君随后向总理说出了自己想在中国办旅游的想法。

周总理听着这个向来以商业头脑著称的女子提出如此新颖的主意，当下便同意了她的想法。总理的鼓励让董竹君信心百倍，她为总理为国为民的情操所感动，更为祖国能有这样明智而伟大的领导人而感到自豪。

时光流逝，曾经懵懂的孩子们早已成长为国家的栋梁之材。考虑到孩子们已然都在北京安家立业，锦江的事业也逐渐步入正轨，董竹君便离开上海，迁居到了北京。作为新中国的首都，这里自然而然地成了全国的政治文化中心。和曾经那个泥土遍地、残破不堪的北平相比，这时的北京城面貌早已焕然一新。

董竹君带着对新中国的向往和对新政府的期待兴高采烈地踏上了这片崭新的土地，希望在与孩子们共处的同时能继续为新中国创办更多的实业。

虽然，接踵而至的“文革”浩劫让董竹君经历太多曲折。命运让她再次遭受牢狱之灾，考验她对信仰的坚定与动摇。

但时间是证明真理的最好途径，当一切拨开云雾，重见天日，董竹君告诉自己，那些深藏在心中的理想和选择，从来都未曾错过。

崭新：时光打磨的独特优雅

一直以来，去伪存真都是人们追求的理想，因为谁都知道那种源自真相的道理才是指导人生的有益理论。然而，环境似乎总喜欢干扰人们的视野，在一些原本可以看清楚的事情里掺入混淆的因素，以此影响人们的判断和理解。

好在，世上还有时间这种特殊的事物，虽然需要经过漫长的等待才能换来它的协助，但它那种从无法辨认的现实中将真相抽离出来的魔力是还原事物本质的最好的方法。

“文革”浩劫过后，当历经风雨的董竹君重出牢狱，终于和锦江的老员工们再次见面时，时间的坐标已经定格在1978年。那时，董竹君在儿媳的陪同下，前往上海参加旧友陈同生的追悼会，虽然只是在锦江寄宿，曾经共事的老员工们却并没有将这位曾经的“老板娘”当作客人对待。

除了设宴款待，原先熟悉的人在董竹君居住的十几天里纷纷登门拜访，络绎不绝。这其中，有早已成为国内名厨的师傅，也有负责后勤事务的职员，有受过董竹君恩惠的司机，也有曾经与她患难与共的保姆。

每天，董竹君的门口都排满了长队，每人手里都拎着自己带来的礼物，糕点、农产品……只要是“好东西”，他们就会拿来赠送给董竹君，以此感谢她多年来的照顾。

记得当年董竹君在狱中审判时，曾经被问到这样一句话：“为什么劳动人民那么痛恨你？”董竹君愣了愣，实在想不出理由，只好如实回答“不知道”。在审问者看来，这样的回答简直就同狡辩没有什么区别，但董竹君晓得，她的内心的确不知道人民“痛恨”自己的理由。

战火纷飞的年代，她也饱受饥饿和贫穷的折磨，当她真正靠自己的力量完成了人生轨迹的转变时，那种对贫穷的记忆犹新让她对身边同样出身的人倍加关怀。

多年前，在阴森的亭子间里，她认真地阅读了阐述共产主义的文献，那些文字蕴含的为国为民的思想却成了董竹君为人处世的根本。

人生来平等，没有高低贵贱之分，穷人出身却并不能成为受欺负的理由。从小，她便立志要让穷人们过上好日子，艰苦的生活曾让她这一理想搁浅，但峰回路转的局面让她又一次得到了实现理想的机会。

作为锦江的当家人，董竹君竭尽全力为员工们提供最好的生活保障。薪资上，能提高的她尽量提高，生活上，能帮助的她尽量帮助。不论男女老少，不论家在何处，只要是锦江的人，便是她的兄弟姐妹。

她的付出在其他商人看来简直不可理喻，但她身边淳朴诚挚的人们却永生难忘。滴水之恩，涌泉相报，多年后，当这些老员工的后代虔诚地拜访这位父亲或者祖父的恩人时，那种感恩早已融入血液中，成为新一代惠及他人的习惯和动力。

“三山压顶倾华夏，众志成城壮怀同。叠经烽火共舟济，四十余年锦江红。”在董竹君这首诗里，锦江曾经的风风雨雨尽收其中。回首往事，她只希望锦江能不再动荡，也希望祖国能平平稳稳地向前发展。而她并没有想到，就在这一年，一场激动人心，催人奋进的伟大转折随着十一届三中全会的召开，成就了中国历史上最辉煌的时代。

这是一次胜利的会议，人们在客观地分析了过去十年的错误后，开始将眼光放到未来。改革开放，这个从来都不敢想的词汇竟然以国家文件的形式成为中国人前进的纲领。

思想斗争为主的年代里，实业的发展被忽略，经济的增长成为响亮却空洞的“口号”。一盘散沙的局面在拨乱反正的政策下得到抑制，已然迷失方向亟待重建。

大胆创新的新政得到尝试，实用有效的经济发展理念得到认可。百废待兴的中国在又一次苏醒中迎来了发展，任务虽然艰巨繁重，道路虽然坎坷曲折，但中国共产党正视现状、勇于开拓的勇气让人们有理由相信这个伟大征程的成功。

春风吹绿江南岸，一个个贫瘠的小镇开始成为繁荣的都市，与世隔绝的场面通过开放的政策流入中国，那些新鲜奇特的、只属于外国人的东西也渐渐成了中国人生活的必需品。财富的积累速度一再加快，人们的视野也在经济的带动下得以拓展。

多年前，当董竹君在西花厅和周总理提到兴办旅游事业的时候，中国人中对旅行一词的概念还不甚明白。如今，在交通和运输业高速发展后，国人除了欣赏祖国的壮丽山河、名胜古迹，还将目光投向海外。而旅游行业的兴盛，更为锦江饭店这样的餐饮、旅店行业带来前所未有的商机。

原先一个普普通通的川菜馆现在已经是上海市中心的一座五星级酒店，居住在锦江饭店中的社会名流或普通大众都能在宾至如归的享受中，感受到这家老店与时俱进的魅力和非凡。

看着锦江迎来的又一次飞跃，看着祖国日新月异的发展，曾经的质疑在此刻统统消散，一如既往的坚定不移再一次带来了董竹君对中国共产党最虔诚的崇拜和最坚定的信心。

后代：路在脚下蔓延

回顾董竹君与时代同行的一个世纪，无论在家中还是在企业里，董竹君都是所有人的精神支柱和领袖，但作为女人，作为母亲，孩子们从她那里学到的坚韧不拔，反过来也安抚了她凄风苦雨里的孤寂和无与伦比的压力。

女儿们虽然不被父亲所喜爱，但董竹君悉心的培养让她们在感恩的同时，更加发奋学习。

民国年代里，学习音乐的人并不多，能在其中闯出名堂的女性更是寥寥无几。国琼的音乐天赋有目共睹，但真正让她坚持到底的原因还是因为母亲。

很小的时候，国琼就喜欢在钢琴上模仿流行的歌曲弹奏旋律，董竹君见她如此聪明，便开始为她寻找合适的老师。白天的国琼练琴很不专心，但老师们在了解了国琼的能力后，都说这个孩子将来必能成器。

董竹君听了很是高兴，并遵循老师晚上练琴的建议陪着女儿每天从半夜三四点钟开始练琴。国琼很乖，虽然被母亲叫醒，只揉揉眼睛便下床练习。

灯光在琴旁的花架上闪烁着，琴上的蜡烛也摇曳生辉，国琼坐在琴凳上，董竹君就陪在身边。孩子虽然有些吃力，但董竹君的陪伴让她不再孤单。一段时间后，国琼的琴艺果然有了很大的进步，这个酷爱音乐的女孩子也在音符的跳动里找到了属于自己的快乐和旋律。

那一年，母亲遭诬陷被关押到城防监狱里，为了维持家中的生活，国琼毅然挑起了生活的重担。她用自己学到的音乐知识四处找人，希望担任音乐家教老师，以此贴补家用。每天，她都要跑四五个地方上课，但再辛苦她也不曾埋怨、退缩，因为她知道，母亲此时最挂念的便是家中老小的生活，自己唯有帮助母亲照顾好家庭，才能让她免受身体和心灵的双重折磨。

出于对母亲品质的继承，国琼的心里装着的同样是国家和人民。她从来不会因为名利而放弃自己的原则，更不会因为一己私利而改变信念。

在美国留学的时候，音乐公司找到她，希望能与她一起合作举办世界巡回演出。刚开始，国琼认为这是不错的选择，但听说演出时只能弹奏歌颂美国的作品她便毫不犹豫地拒绝了。此时，中国处于解放战争中，国琼的内心渴望的是祖国的和平和解放，要她在弹奏时将感情投入到另外一个国家，这对她来说简直比鞭笞自己更要疼痛。

1953 年，国琼已有身孕，虽然将孩子生在美国便能得到优厚的待遇，但国琼和丈夫不愿意孩子加入美国国籍。此时，中美关系恶化，要回国并不容易，但为了能将孩子生在中国，国琼和丈夫还是努力找寻办法。

最后，他们俩通过国民党的纽约“大使馆”发给的前往台湾入境证冒险绕道巴黎至日内瓦，并在当时任波兰大使、中美谈判首席代表王炳南的帮助下，成功返回了上海。

这是一段不平凡的经历，当孩子出生时，夫妇二人喜极而泣。为了纪念这个过程，也为了让孩子能记住自己中国人的身份，国琼和丈夫商量后，将孩子的名字取为小华。

国琼的爱国大义与母亲相得益彰，耳濡目染的二女儿国瑛自然毫不逊色。1946 年底，经华东局同意、中央批准国瑛带着中国电影的发展希望前往美国学习电影技术。1949 年全国刚解放，国瑛同样冒险潜逃回国。

为了能在中国推广教育电影，回国后，国瑛将创办教育电影制片厂的计划交给周总理批准。在中央领导的关怀下，国瑛担任总政副秘书长，并着手建立解放军教育电影制片厂，也就是后来赫赫有名的“八一”电影制片厂。

抗美援朝时，她奔赴朝鲜战场拍摄了纪录片《慰问最可爱的人》，又因为风景片《西湖风景》而获得布拉格之春电影节最佳风景片奖。离休后，国瑛仍旧没有停止自己在中美之间的脚步，并为国家创造了几千万元的外汇收入。

多年后，当董竹君到美国看望子女和孙子的时候，那场难忘的生日会勾起了她对过往的回忆。

当年在父亲的虐待下，孩子们惶惶不可终日，后来好不容易脱离了那个家庭，身无分文的生活又让这些孩子跟着自己受尽了人间的苦难。锦江的成功给生活带来了希望，战火横飞和侵略者的刁难又让孩子们重新踏上了逃难的路程。

在菲律宾的那些日子里，见惯了世间沧桑的董竹君都被眼前的尸横遍野惊吓到，更不用说膝下刚出校门、未经世事的小姑娘们。原本，她以为孩子们会用抱怨表达内心的不满与恐惧，但出乎意料的是，她们竟和自己并肩作战，再苦再难也不曾开口诉说。

鼓励的话语固然是让董竹君坚持下去的良药，但用沉默和包容的态度跟随自己的母亲却远比心灵鸡汤灵验得多。那种来自亲情的融洽和不愿放手的忠诚，让董竹君找到了继续下去的理由。

孩子们说，如果没有当时母亲的教导和资助，自己就不能成为祖国的栋梁，也不能干出自己的一番事业；董竹君却说，如果没有你们存在，可能在某一个人生的难关面前，我便早早地离开这个世界，也不会有这苦难却精彩的世纪人生。

到现在，仍然有许多人觉得董竹君和她的家族是富商一类的角色，殊不知这个在世人眼中拥有饭店、印刷厂和各类公司的“女财主”却仅靠微薄的工资过活。商业上，董竹君有着非凡的头脑和经营手段，但生活里，她却从来没有把奢侈享乐当作人生乐趣，她的孩子们也不曾将继承母亲家产作为人生目标。

这是一个用包容培育出的坚韧家族，更是一个用辛勤劳动自力更生的家族。不投机取巧，不盲目追求不劳而获，踏踏实实地做好自己的工作，以对国家人民的责任作为心中的准则，以惠及他人的原则带动周围的人一同奔向光明。

从这个层面上讲，董竹君和她的孩子们不能算是幸运儿，那些属于董竹君和孩子们的耀眼成就也不是触手可得的外界馈赠；相反，它们是艰苦创业后理所当然的收获，也是这个家族相互支撑走下来的共同成果。

离别：一个世纪的悲欢离合

在古人眼里，人生七十，便是古来稀的年龄。日出而作，日落而息的生活习惯，使得这样的时间成为人们可以接受的年龄极限，但董竹君的生命长度和人生经历远远超出了千百年来的定义。

生于晚清末期，成长于民主革命的年代，成功于动乱的战火之中，迎来新中国的解放。回顾过去的一百年，董竹君的生活其实就是中国近代史的缩影。每一个时代都在她身上留下了鲜明的印记，但不论经历多少沧桑，看过了多少繁华，这个女人始终都能用自己的头脑和能力让心中“固执”的理想坚持下来。

《东方时空》的采访里，年近百岁的董竹君以连续七届全国政协委员的身份成为为数不多的受访者。每一年，这个白发苍苍的老人总会有特别多的提案提出，有些提案被评为优秀提案。提案内容虽然涉及民生、国情，但它们的共同点都是针对妇女工作展开的。

当记者问她何时萌生了为女性发言的意识，董竹君的思绪一下回到了百年前的中国。

出卖自己的青春给堂子，以“清倌人”的身份替父母还清债务的经历似乎便是她灵魂觉醒的起点。在贫民区的家中，周围几乎一样的贫困并没有给她多大的触动，但当她进入另外一个社会，穷人与富人之间在人权和尊严上的巨大差距却成了她最想不通也最想改变的现状。

夏之时的救助让她暂时脱离了苦海，但深藏在他心中的大男子主义与董竹君女性解放的理想背道而驰。为了尊严，她愤然离家，出走后又咬紧牙关坚持向前。创办实业的成功让她蜚声上海，但对其他女性的关怀并没有因为身份和地位的转变而有所不同。

为了唤起身边女性的独立意识，她创办了织袜作坊，让姑娘们通过自己的双手赢得生活的资本。锦江声名远播的时候，她以公开招聘的方式给锦江茶室配置女服务员的做法轰动了整个上海滩。

人们在谈论女性是否能抛头露面的同时，对董竹君也开始有了流言蜚语。

接受了先进思想的好友们为董竹君敢为天下先的做法拍案叫绝，久居深宅大院的官太太们也不时发出称颂的赞叹。但是“女流之辈”在独立上的创举，还是不可避免地惹怒了封建社会的残余势力。

提倡女权，就要让女性有尊严；要有尊严，就必须经济上独立；要在经济上独立，就业是不可或缺的首要条件。如此连贯的思想，即便最巧舌如簧的辩驳者也无从下手。于是，那些难以获胜的遗老遗少，便开始用谩骂、质疑、诬陷、谋害的方式作为批驳，董竹君的命运也因此在这些人反感和厌恶中跌宕起伏。幸运的是，她的思想和路线从未因此而改变过，她的事业和理想竟在狂风暴雨中成长了起来。

用儿子的话讲，母亲还是个刚强的人，用董竹君自己的话讲，她其实更像一个男人，因为她不会屈服于毫无道理的挑衅，更不会对生命中的坎坷心生抱怨。

除了关注女权问题，董竹君这一生最为关注的问题还有国家和民族的前途问题。虽然，她不是统率千军的将领，也不是运筹帷幄的政治家，但她用自己弱小的肩膀诠释了普通老百姓爱国的真谛。

封建残余势力横扫中国之际，她积极响应护国运动的号角；日军统治上海之际，她不愿做亡国奴，宁可到千里之外的菲律宾躲避汉奸的威逼利诱，也不肯将锦江交给侵略者。

解放战争的攻坚阶段，她坚守在自己的岗位上，为来来往往的地下党成员和爱国人士提供了周到安全的支援；新中国成立后，她又将自己辛苦多年而造就的产业，心甘情愿地奉献给祖国。风雨飘摇里，她受到了不公正待遇，但当雨过天晴，她又一次让信念回归大脑，并虔诚地信仰终生。

自古以来，作为男人附庸的女性都以从一而终为美德，但董竹君这个走在时代前列的进步女性以为理想从一而终而成为众人钦佩的楷模。

女性的坚韧和细腻在她身上化成了对信念的坚守和呵护。虽然，那个期盼已久的“共产党员”的称号历经坎坷才来到董竹君的身边，但她觉得此生无憾。

1985 年，一场意义非凡的音乐会在北京举行，这场由文化部、对外友协及音乐家协会主持的音乐会，主题是纪念中国人民的革命友人、俄国作曲家阿隆·阿甫夏洛穆夫诞辰九十周年。

作为主要筹办者，董竹君和国琼、国瑛及家人一同出席了这场规模空前的交响音乐会。《孟姜女》《贵妃之歌》《夜曲》《柳堤岸》，当这些出自异国作曲家之手，却充满了中国元素的音乐响起时，全场听众的震撼不言而喻。

音乐没有国界，来自俄国的作家在欣赏中国文化的同时将这个国度的文化融入自己的音乐里。董竹君被这位国际友人的情怀感染的同时，内心深处关于自己对祖国的热爱也被深深地触动了。

自鸦片战争以来，这个国家就开始在积贫积弱的边缘徘徊，百姓的生活水深火热，曾经辉煌的国际地位在一场场战争的失利中沦落到受人鄙夷的境地。

经过多少年的奋斗，经过多少人的努力，这个国家终于自豪地向世界宣布自己站起来了，虽然后来有曲折，有错误，但最终正确的思路还是占据了上风。

如今，这个古老的民族又重新以前所未有的年轻姿态站在世界的面前，但千百年传承下来的品质和精神并没有丧失。

就像这徐徐入耳的音乐一样，虽然以西洋音乐为基调，但其间流露出来的仍然是中华民族自己的文化和精神内核。这样的经历，恰如董竹君这一个世纪的经历一般。官太太的身份，金钱的诱惑，名利的旋涡，海外的声望，这些都不能改变这个女人内在的品质。不论外在的表象如何变化，她心里住着的始终是那些出身贫寒，却向往和平，渴望复兴的中国老百姓。

一阵清风，一口清茶，和煦的阳光下，和平带来了平静。记忆里，喧嚣的历史篇章悄然翻过了沧桑的一页。指尖触碰到画册上那些曾经的民不聊生，曾经的奋起而战，我们对追求民族和国家解放的革命者们，除了感谢更是感动。

那是一种难以想象的勇敢，因为他们所面对的是冷漠的质疑，更是生死的考验。战争从来都不会对任何人留情面，即便是铮铮铁骨的男儿也因为战场的残酷而有所犹豫，更不用说柔弱的女子们。

说董竹君没有害怕过显然是不客观的，但虽然害怕也仍然一往无前却是真正的英雄。直到生命消逝的那一瞬，董竹君还在想着国家和民族的兴盛与发展，大千世界，芸芸众生，她的离去并未能给世界带来多大的震动，历史却用它的臂膀将她拥入自己的怀抱，并将她的名字放在了显眼的位置。

年少时，每个人都有梦想，那种强烈和浓郁并不比当年身在堂子却一心渴望自由的董竹君逊色。但，最终能坚持下来的有多少呢？有多久，梦里不再出现所向披靡、骁勇善战的英雄；有多久，我们不曾在自己的精神境界里树立一个渐渐靠近的榜样了。当我们将以前的梦想解释为年少轻狂的时候，那些被成长记忆埋没的片段，其实还在你不知道的地方呼唤着继续下去的渴望。

那些披肝沥胆的岁月渐渐退出荧幕，那些古老的歌谣在喇叭里慢慢发出吱吱的声响，我们在遗忘了当年那些故事的时候，也将自己的梦想推进黑暗的夜里。没有留恋，没有哀伤，一切似乎那么的理所当然。可不知为何，成熟的阳光来临时，我们却发现心里曾经最充实的部分竟有种被掏空的感觉。

晨星寥落时，霜雪漫漫，本以为送走的是年少的无知，却不知道那份真挚和热忱是再也找不回来的瑰丽财富。

灯红酒绿散去，清晨的阳光带着些许醉意窥视着廊下的狼藉杯盘，都市的纸醉金迷残留的痕迹依稀可见。站在空旷而冷清的街道，望着稀疏而疲倦的行人，恍惚间我们仿佛回到家门口那条永远都不会繁华的小巷。一股暖流从心底升腾，借着脉搏跳动的力量，溢满全身，终于化作两行清泪，洗去凝在脸上那些虚伪的笑容和造作的成熟。

在某些人眼里，喜欢翻“陈年旧账”的人并不怎么讨喜，因为他们总会把想入非非的人们从幻境中拉回现实。但是，若你停下脚步，转身看看背后的过往，你会发现，真正的世界还是需要记账之人的存在，因为只有这样，人们才有可能从迷失中回到原点，才有可能找到最初的本心。

人之初，性本善。年少时，尚且稚嫩的嗓音读出这句《三字经》的开篇词时，我们并不懂得这句话真正的含义。那时，欺骗好像离我们很远，那种只在电视里出现的尔虞我诈、欺上瞒下似乎永远都不会来到我们身边。到后来，我们成为眼光中诚恳的味道最单薄的社会人，重新捧起书本的瞬间才发觉这几个看起来像绕口令一样的文字，竟然难能可贵得令人潸然泪下。

和平的晨曦里，我们不需要用武器战斗到底，自在的生活里，我们也不需要意志坚定的战士引领。然而，在战乱随着硝烟散尽的今天，我们却需要精神上的勇者，帮我们召回那些曾经在生命里驻留过，却早已面目全非的纯真品质。

这是一种情怀，更是一种领悟，它可以叫幡然醒悟，更可以叫不忘初心。有时我们会感谢时光的浅痕将我们的棱角磨平了许多，可惜，如此雕刻出来的我们，温顺到圆滑，甚至自己都不愿认出。曾经的耿直和直言不讳可望而不可即，在周遭弥漫了虚假的称赞和迎合的时候，有那么一刻，我们真的想说出所有的实话，但这样的行为所带来的不堪承受的结局却让我们再一次欲言又止。

于是，董竹君在这个崭新的时代里找到了存在的理由。看着她在浑浊世道里挣扎向上，在看似绝望的环境里追求着几乎不可能的理想，她敢于和恶势力说“不”，更乐于为她信奉的理想和主义倾囊相助。

在她的故事里，我们看到了坚持的可贵，更找回了曾经因为迷茫而几近消失的对于理想和信念的执着。最纯真的眼眸重新回到身上时，我们又成了崇拜英雄的少年，又期待梦想降临到自己的身边。

笔记本上的工作报告换成了读书笔记，那份因为阅读了《我的一个世纪》而升起的真诚和勇敢重回心田。

我们不再指责周围环境的不堪，也不再将自己的失败归结到别人的不配合上。天气清朗，人心明朗，坦荡的阳光普照大地的时候，每个人的心里都重新响起久违的回音：想成功，只能靠自己！

而这，正是在这个与时俱进的时代里重新讲述董竹君故事的意义所在。

后 记

女人，是多面的。她们以万花筒一样的绚烂姿态在人世间绽放，并依靠或优雅、或坚韧、或可爱、或纯情的内在品质，理所当然又游刃有余地承担着生命赋予她们的不同角色。

而董竹君，正是所有女人中卓尔不凡的那一个。回顾她的经历，那些流淌在记忆里的故事成就了属于她自己的辉煌，也刻下了带有她鲜明特点的精神品质。

为了还债，她毅然答应卖身到堂子，作为女儿，她用自己的方式阐述了什么是圣人主张的孝道。

丈夫下野后不务正业，整天沉溺于赌博鸦片，挥金如土，她却兴办实业，贴补家用，忍辱负重，维护家庭和睦，作为妻子，这样的行动体现了她为夫妻情谊做出了最忠诚的坚守。

重男轻女的年代里，董竹君一肩挑起全部重担，为的只是女孩儿们也能同男孩一样接受良好的教育，并最终成长为国家栋梁，作为母亲，她用实际行动告诉世人，女人同样有受教育的权利，女儿值得拥有更好的未来。

国家危亡之际，她兴办实业，为党的活动提供充足的经济支持，流亡海外时，她心心念念的仍然是祖国的安危和人民的生活，作为国民，她的奋发向上让人们看到了普通老百姓爱国的最高境界。

新中国百废待兴的时间里，她将自己苦心经营了十几年的事业贡献给了国家，改革开放后，她又积极调研，为人民的利益积极建言，书写提案。作为政协委员，她的努力让人们看到了一个参政者为国着想、为民请命的优秀品质。

话本舞台里，女人的出现常常伴随着英雄，因为在通常的定义里，女人的成功都要依靠男人才能实现。即便是名垂青史的蔡文姬，她的外交经历也和称霸天下的曹操有着密不可分的关系。

于是，董竹君的经历成了难得的“孤本”。即便她也曾是四川副都督的夫人，即便她兴办的第一个实业是在夏家的后院里，但最终来自锦江的成功是在她离开夏家后，通过自己的双手获得的。

当年上海滩盛传董竹君家底雄厚，背景厉害，却无人知道，她其实只是一个带着四个孩子谋生的单身母亲。她无人撑腰，更没有上层社会的裙带关系，但她却有一颗向着光明的心和一种执着坚韧的品质。

历史或许不会记住一个人的容貌，但历史却能记住一个人的精神和品质。这种品质可以是做人的态度，也可以是治家的经验，可以是经营的理念，也可以是爱国的情操，但无论哪一种，只要它经受得起历史的考验，就一定能为后来者所用。

一个世纪很长，因为它足够让一个国家从封建社会跨入到社会主义社会，也足够让一个国家从衰败走向富强。一个世纪又很短，因为它的长度仅仅是一生，一个非凡女性——董竹君的一生。

当我们坐在现代化设施齐全的都市里，透过纸上的文字一同顺着董竹君的一生回忆过去的一个世纪时，内心在感慨今日之幸福的同时，也会更加珍惜来之不易的幸福。

曾经，生活在贫民窟的人们渴望得到的温饱早已不是难题，那些被底层人视为奢侈品的人格尊严也如空气一般自然而然地营造在我们周围。

不会有人作威作福地让你为他的开心而充当小丑，更不会有人轻而易举地就用钱财买断了你的人身权利和未来幸福。自由行走在阳光下的你不用担心随时可能到来的轰炸，愉悦地品味着面前食物的你不必因为明天即将到来的饥荒而惴惴不安。

时代无法重复，生命不可复制，但其间蕴含的精神品质值得如今的我们领悟学习。浮躁的时代里，每个人都需要有属于自己的理想，并以此为目标不断前进，唯有如此，青春和生命才能在最初的梦想里得到最本真的释放，最纯粹的张扬。